EDITORA DO CONHECIMENTO

Auxiliando a humanidade a encontrar a Verdade

Geografia do Mundo Astral

Geografia do Mundo Astral
O ASTRAL INFERIOR E SUPERIOR

Excerto das obras
A Vida Além da Sepultura
A Sobrevivência do Espírito
Ramatís

CONHECIMENTO EDITORIAL LTDA.
Fone: 19 3451-5440
www.edconhecimento.com.br
vendas@edconhecimento.com.br

Projeto Gráfico: Sérgio Carvalho
Ilustração da Capa: Banco de imagens

ISBN 978-65-5727-009-7
1ª edição - 2020

• Impresso no Brasil • Presita en Brazilo

Dados Internacionais de Catalogação na Publicação (CIP)
(Angélica Ilacqua CRB-8/7057)

Ramatís (Espírito)
Geografia do Mundo Astral : o astral Inferior e Superior / obra mediúnica ditada pelo espírito Ramatís ao médium Hercílio Maes. — Limeira, SP : Editora do Conhecimento, 2020.
170 p.

Coletânea de textos retirados das obras: *A Vida Além da Sepultura* e *A Sobrevivência do Espírito.*

ISBN 978-65-5727-009-7

1. Espiritismo 2. Vida espiritual 3. Vida após a morte I. Maes, Hercílio, 1913-1993. II. Título

20-1677 CDD — 133.93

Índice para catálogo sistemático:
1. Espiritismo : Vida após a morte 133.93

Ramatís

GEOGRAFIA DO MUNDO ASTRAL

O ASTRAL INFERIOR E SUPERIOR

Obra mediúnica ditada pelo espírito
Ramatís aos médium
Hercílio Maes

Coletânea de textos retirados das obras:
A Vida Além da Sepultura
A Sobrevivência do Espírito

1ª edição — 2020

EDITORA DO CONHECIMENTO

Obras de Ramatís editadas pela **EDITORA DO CONHECIMENTO**

HERCÍLIO MAES

- A Vida no Planeta Marte e os Discos Voadores - 1955
- Mensagens do Astral - 1956
- A Vida Além da Sepultura - 1957
- A Sobrevivência do Espírito - 1958
- Fisiologia da Alma - 1959
- Mediunismo - 1960
- Mediunidade de Cura - 1963
- O Sublime Peregrino - 1964
- Elucidações do Além - 1964
- Semeando e Colhendo - 1965
- A Missão do Espiritismo - 1967
- Magia de Redenção - 1967
- A Vida Humana e o Espírito Imortal - 1970
- O Evangelho à Luz do Cosmo - 1974
- Sob a Luz do Espiritismo (Obra póstuma) - 1999

SÁVIO MENDONÇA

- O Vale dos Espíritas - 2015
- Missão Planetária - 2016
- A Derradeira Chamada - 2017
- O Sentido da Vida - 2019

MARIA MARGARIDA LIGUORI

- Jornada de Luz
- O Homem e o Planeta Terra
- O Despertar da Consciência
- Em Busca da Luz Interior

OBRAS COLETÂNEAS:

- Ramatís uma Proposta de Luz
- Face a Face com Ramatís
- Um Jesus que Nunca Existiu
- A Origem Oculta das Doenças
- Simplesmente Hercílio
- A Missão do Esperanto
- O Objetivo Cósmico da Umbanda
- A Origem Oculta das Doenças
- O Além - Um guia de viagem
- Do Átomo ao Arcanjo
- Marte: O Futuro da Terra
- A Geografia do Plano Astral

Coletâneas de textos organizadas por SIDNEI CARVALHO:

- A Ascensão do Espírito de A a Z - Aprendendo com Ramatís
- Ciência Oculta de A a Z - O véu de Ísis
- Evangelho de A a Z - A caminho da angelitude
- Jesus de Nazaré - O avatar do amor
- Mecanismos Cósmicos de A a Z - O amor do Pai
- Mediunidade de A a Z - O portal da Luz
- Saúde e Alimentação de A a Z - O amor pelos animais
- Transição Planetária de A a Z - A chegada da Luz
- Universalismo de A a Z - Um só rebanho

Obs: A data após o título se refere à primeira edição.

O homem comum não se conforma com o ser perturbado na sua faina prosaica de amontoar moedas e cobrir o corpo com quinquilharias douradas; evita pensar seriamente no assunto, temeroso de que a certeza da morte possa enfraquecer-lhe o espírito de cobiça, vaidade, avareza e luxo desmedidos. Pressente que essa demasiada insistência dos desencarnados, em advertir sobre a responsabilidade da vida espiritual, irá despertar o remorso das suas insanidades animais e revelar-lhe o exato valor dos tesouros que a "traça rói e a ferrugem consome".

Sumário

Apresentação

Foi o discípulo de Ramatís que se tornou conhecido como Atanagildo o espírito autor, através do médium Hercílio Maes, de duas das obras mais instigantes da literatura mediúnica no Brasil: ***A Vida Além da Sepultura*** e ***A Sobrevivência do Espírito*** sob a coordenação de seu Mestre.

Ali encontram-se duas vertentes principais que compõem o relato de seu regresso ao "país dos mortos", epíteto que esconde a esplendorosa realidade de que se trata do país dos realmente vivos, mais vivos do que nunca, libertos do biombo de carne que amortece, na rigidez dos opacos cinco sentidos, a percepção do país da luz – como já foi com propriedade designado.

De início, Atanagildo, como viajante sincero, nos fornece – como nos roteiros turísticos que orientam hoje os usuários da internet – os antecedentes de sua viagem para o além, e o passo a passo dos trâmites de sua partida, como a do viajante no aeroporto, na chegada e na passagem pela alfândega, preparando o leitor para encarar com o *savoir-faire*[1] de viageiro de longa data (que afinal todos somos) essa mudança de sua consciência para seu país de origem, do qual todos viemos e ao qual voltaremos após inúmeros *tours*, ainda, pelo cenário do mundo físico. Essas "orientações de viagem", por assim dizer, constituíram os capítulos que compõem o pequeno manual ***O Além – um guia de viagem***[2], publicado na inten-

[1] Habilidade.

[2] *O Além – um guia de viagem*, **EDITORA DO CONHECIMENTO**, Limeira, 2019.

ção de facilitar o roteiro dos viajantes para o além-túmulo.

A seguir, o espírito curioso e inquieto de antigo grego que é Atanagildo segue a esmiuçar os panoramas do país astral onde se tornou residente com cidadania plena. E o faz sem limitar-se aos cenários das colônias astrais de descrição costumeira nas obras espíritas: registra os costumes antiquados de algumas, os nacionalismos supérfluos de outras, e as migrações entre as cidades astrais. E depois, vai além do chamado astral superior e médio – faixas de frequência vibratória acima da crosta terrestre – e desce às regiões tristes do astral inferior, trazendo informações em detalhe sobre as cidades das sombras, seus habitantes, as organizações do mal que as dirigem, os charcos astralinos e sua função, e – de forma inédita na literatura mediúnica – as aves e animais que habitam esse país das trevas onde, forçoso é dizer, todos nós já transitamos um dia, no ontem de nossa trajetória neste planeta. Esse bloco de informações, que descreve os ambientes astralinos, pode com propriedade intitular-se uma notícia sobre a geografia do mundo astral – e veio a ser enfeixado no presente volume.

Embora o ditado seja de Atanagildo, "Ramatís, entretanto, é o idealizador, o coordenador e o responsável por este livro", conforme assevera Hercílio Maes nas explicações que abrem *A Vida Além da Sepultura*. E, no decorrer do texto, o médium às vezes, em nota, vai lembrar que o pensamento de Ramatís permanece sempre, como um pano de fundo mais ou menos aparente, no substrato das descrições de Atanagildo, enriquecendo, orientando e aprofundando conceitos e raciocínios.

Ressalta claro, claríssimo, das descrições de Atanagildo, que o passaporte para as comunidades felizes do mundo astralino não passa por rótulos e filiações religiosas de qualquer espécie. Ser espírita, umbandista, adepto de Krishna ou Buda, ateu, seguidor de Maomé, adepto da Igreja Romana ou de qualquer seita protestante, não nos garante um visto automático para ingresso por lá. Em vão pretenderíamos invocar nossa crença nos espíritos, no sangue de Jesus, nos mantras ou nos orixás, na absolvição sacerdotal ou na frequência a quaisquer dos cultos e ritos jamais inventados na superfície do planeta. Só a condição interna de nossa alma, seu maior ou menor coeficiente da luz da fraternidade determina de que região astralina seremos inquilinos após a viagem de retorno. Para isso, os antigos egípcios nos deram a imagem perfeita, quando simbolizaram o "julgamento" da alma à chegada no além com a famosa balança do tribunal de Osíris, onde o atento Anúbis colocava para pesagem, num dos pratos, o coração do morto, e no outro, uma pena... Só poderia ingressar no reino da luz de Osíris quem tivesse o coração tão leve como a pluma. Isso diz tudo.

Não há mais o que dizer, caro leitor, sobre este pequeno compêndio descritivo da geografia astralina pela qual todos iremos transitar um dia – oxalá não com acomodações reservadas nos subúrbios sombrios, e sim com um transfer assegurado para residência sob estrelas infinitas, nas paragens mais felizes do plano astral, um dos destinos da alma viajora dentro da infinita Casa do Pai.

Um discípulo da Velha Grécia
Médium: M.C.

Astral Superior

Colônias do Astral – Aspectos gerais

PERGUNTA: — Sendo certo que, em virtude das desencarnações, há uma constante emigração de espíritos da Terra para o Astral, onde terão de se agrupar conforme o seu caráter ou adiantamento espiritual, somos levados a crer que isso obrigará à criação ou fundação constante de colônias, onde esses espíritos devam ser recebidos e educados. É assim?

ATANAGILDO: — Sem dúvida, pois, assim como na Terra se multiplicam as tarefas de educação e assistência social, quer pelo crescimento contínuo de sua população, quer pelo seu progresso, também se torna necessária a fundação de novos núcleos na Esfera Astral adjacente à Terra para atender aos desencarnados que chegam. E o problema, no Astral, ainda é um tanto complexo, porque na formação das comunidades espirituais as almas devem ser congregadas tendo em vista especialmente as suas condições morais, enquanto que na Terra elas se agrupam por tipos raciais, formando países e nações irmanadas pelos mesmos costumes e tradições.

Por isso é intensa a operosidade dos espíritos nas regiões que circundam o globo terrestre, onde as condições das comunidades de espíritos desencarnados têm por fim ajustá-los ao meio a que fizerem jus, na conformidade de seus procedimentos no mundo terráqueo.

PERGUNTA: — Por que motivo se torna mais fácil resolver na Terra esse problema de fundação de novos núcleos humanos, quando, ao que nos parece, seria mais facilmente resolvido no Espaço?

ATANAGILDO: — Enquanto a metrópole do Grande Coração supervisiona perto de três milhões de espíritos, dispersos pelo Mundo Astral, precisando manter um mesmo padrão vibratório psíquico entre criaturas tão heterogêneas, só na área do Brasil pode se agrupar um bilhão de seres das mais diversas condições, bastando que estes resolvam o problema fundamental de roupa, alimento e abrigo. Entretanto, as comunidades benfeitoras do Plano Astral encontram as maiores dificuldades para a mesma organização, porque só a harmonia psíquica é garantia de equilíbrio e de êxito para a carga de desencarnados oriundos das mais contraditórias posições do orbe material. Em lugar de se atenderem a satisfações efêmeras e necessidades provisórias do homem, o problema fundamental é o de desenvolver a essência íntima dos espíritos que aqui aportam.

É justamente para atender a tanta heterogeneidade de padrões psíquicos, que os espíritos benfeitores continuam a organizar novos "oásis" de socorro, no seio do Astral inóspito em torno da Terra. Quantas vezes espíritos provindos da mesma família consanguínea terrena, separam-se para zonas diametralmente opostas, assim que atravessam a fronteira da sepultura! Como equilibrar tantos matizes psíquicos no Além, se não forem criadas mais oportunidades de socorro e renovação espiritual?

PERGUNTA: — Essas colônias recém-fundadas desenvolvem-se naturalmente ou são frutos de planos previamente estabelecidos?

ATANAGILDO: — Na Esfera Astral, a vontade disciplinada dos espíritos superiores pode intervir periodicamente no meio, arregimentando as vontades menores dos seus moradores, para então renovar a paisagem e as instituições existentes, na conformidade do progresso das comunidades. Assim como a metrópole do Grande Coração é fruto de estudos, sugestões, planos e inspirações que os seus fundadores buscaram em coletividades das esferas mais altas, já existem entre a Crosta e a nossa moradia astral muitas outras colônias e agrupamentos intermediários, que foram edificados sob os moldes e planos de nossa própria comunidade. Assim como, à medida que aumenta o coeficiente mental, científico e artístico do homem encarnado, também se multiplicam as exigências para a "modernização" das suas cidades, também as astrais já existentes se modernizam e outras se formam para servir de novas colônias de desencarnados.

PERGUNTA: — A metrópole do Grande Coração foi fundada por espíritos que desencarnaram no Brasil?

ATANAGILDO: — Quando a fundaram eu me encontrava na Índia; assim que desencarnei, fui recolhido à colônia hindu que superintendia aquela região. Entretanto, como a metrópole do Grande Coração está de posse de sua história, tive oportunidade de conhecer o seu passado e saber dos seus fundadores. A idéia de sua formação partiu de espíritos desencarnados no Brasil, para o qual haviam emigrado logo em seguida ao seu descobrimento por Pedro Álvares Cabral. Antes de encarnar, já haviam aceitado a missão de habitarem a terra brasileira e, em seguida à sua desencarnação, fundarem uma colônia de desencarnados na Zona Astral correspondente à que é hoje a metrópole do Grande Coração.

O progresso se fez incessante nessa comunidade ainda jovem, graças ao ingresso de novos espíritos que desencarnavam no Brasil. No entanto, muitos desses espíritos não eram propriamente brasileiros, mas oriundos da França, de Portugal, da Espanha e da Holanda e que, obedientes aos planos do Alto, desencarnaram por ocasião das invasões estrangeiras e de encontros belicosos. Assim, desligaram-se, em nível astral, dos seus países de origem situados na Europa, e mais tarde tornaram ainda a se encarnar na vossa pátria, como também sucedeu comigo. Esses espíritos "exilados" do seu meio geográfico eletivo renunciaram, então, ao seu velho temperamento racial europeu, para incorporar o seu patrimônio espiritual à comunidade brasileira que ainda era constituída de espíritos incipientes.

PERGUNTA: — A metrópole do Grande Coração foi fundada, também, no seio de fluidos agressivos?

ATANAGILDO: — Sim; a sua fundação lembra o que aconteceu com as grandes metrópoles terrenas, com seus edifícios modernos, sua iluminação e jardins atraentes, que também nasceram no seio das regiões selváticas e perigosas.

Hoje os moradores da metrópole e aqueles que nos visitam deslumbram-se com a beleza do casario refulgente e o fascínio da vegetação criada por mãos de fada, mas ignoram o imenso sacrifício e abnegação despendidos pelos seus fundadores, a fim de se criar mais um núcleo de socorro e educação espiritual.

PERGUNTA: — A metrópole do Grande Coração é, então, uma comunidade mais elevada do que certas colônias de espíritos, que conhecemos por meio de obras mediúnicas, onde se recolhem almas perturbadas?

ATANAGILDO: — Em face do progresso incessante do espírito humano, as comunidades transitórias do Mundo Astral também evoluem depois que se dedicam a serviços aflitivos. É certo que a nossa metrópole, atualmente, é um agrupamento venturoso e caracteristicamente educativo, que atende mais aos espíritos selecionados vindos da Crosta do que mesmo aos problemas particulares das almas aflitas e perturbadas no Astral, após a travessia do túmulo.

Entretanto, ela possui departamentos corretivos e de socorro espiritual, que estão localizados nas zonas abismais, à distância da comunidade e sem ligações íntimas que possam perturbar o seu padrão vibratório. Inúmeras equipes de trabalhadores, encarregados da renovação desses espíritos infelizes, operam ali em dispensários e estalagens supervisionados pela metrópole, favorecendo ensejos para que se transformem em novas comunidades astrais.

A metrópole também se iniciou como um singelo núcleo de atividades socorristas aos espíritos sofredores do Astral inferior, sofrendo o terrível bombardeio mental das almas delinquentes e do desregramento dos encarnados que ali aportaram; no entanto, o serviço sacrificial de amor ao próximo foi elevando o padrão vibratório espiritual da cidade, para em seguida torná-la uma antecâmara dos panoramas angélicos das coletividades dos planos superiores. A metrópole é fruto natural de um trabalho digno e persistente, inspirado sempre pelo amor ao próximo, pois nunca faltaram elevadas e incessantes sugestões dos mentores siderais para que tanto encarnados como desencarnados transformem para melhor o lugar em que habitam. Sob a disciplina heróica e a vontade disciplinada, os monturos do vosso mundo podem ser transformados em roseiras e as rochas maciças em confortáveis habitações de repouso ao corpo e alegria à alma.

PERGUNTA: — Existem equipes de espíritos especializados em proceder a fundação de colônias no Mundo Astral?

ATANAGILDO: — Nem sempre há o determinismo de se fundar uma cidade astral; esta pode nascer naturalmente em torno de uma estalagem, de um posto de socorro ou de instituição avançada no seio de fluidos densos. As fundações deliberadas obedecem a uma orientação mais ou menos igual à Terra; elas progridem e evoluem à medida que aumenta a sua população. Também não são precisas equipes adestradas para tais realizações; contamos com abnegados pioneiros que enfrentam heroicamente os fluidos nocivos, exalados pelos charcos pestilenciais e pelos coágulos de substância mental deletéria, que se produzem no desregramento da própria humanidade ali existente. Esses espíritos abnegados e destemidos não recuam diante das exigências mais sacrificiais, que terminariam desanimando os mais intrépidos homens terrenos.

PERGUNTA: — E não ocorrem acidentes ou surgem enfermidades decorrentes desses trabalhos sacrificiais e dos fluidos tão agressivos do Astral inferior?

ATANAGILDO: — Sem dúvida, ocorrem fracassos, enfermidades, esgotamentos e lesões perispirituais nos mais ousados; no entanto, assim como conheceis heróis que se sacrificam prazenteiramente pelo bem da comunidade, aqui também os conhecemos. Muitas almas corajosas, que se devotam a fundar núcleos de atividades espirituais no seio da substância adversa e ainda agravada pelo teor magnético produzido pela humanidade desregrada, retardam a sua ventura espiritual e restringem o seu vôo mais alto, preferindo aceitar o sofrimento decorrente desses pântanos, a fim de servir aos espíritos infelizes. Depois de cumprir as suas abnegadas tarefas, também precisam de tratamentos especiais, a fim de drenar os tóxicos que lhes golpeiam a organização delicada do perispírito, assim como teríeis necessidade de extirpar do vosso traje alvíssimo as nódoas de substâncias deletérias.

PERGUNTA: — Pensamos que o espírito, quanto mais evoluído, mais poderá se imunizar contra as agressões do meio ambiente. Porventura, esses heróis desencarnados também não poderiam operar nesses charcos agressivos, sem que ocorresse qualquer lesão nos seus envoltórios superiores?

ATANAGILDO: — A imunidade contra o meio, decorrente do maior aprimoramento espiritual, deve ser entendida na esfera moral, pois na material não se pode eliminar as reações naturais e disciplinadas por leis correspondentes a cada plano de manifestação de vida. Deveis saber que as almas superiores, que operam nessas regiões tão agressivas, "descem" vibratoriamente até o nível das reações energéticas do meio inferior e, por esse motivo, ficam sujeitas aos impactos das forças que manuseiam. Assim como não podeis aprisionar o raio de luar num pote de barro, nenhum espírito superior poderá agir diretamente sobre os planos Astral e material, mais abaixo de si, se não se submeter à necessária redução vibratória e então atuar no meio escolhido.

É evidente que, depois dessa "descida" vibratória, o espírito há de ficar à mercê do meio em que passa a operar, à semelhança daquele que "cai" magneticamente em plano inferior, por efeito do seu peso específico e simpático ao ambiente vibratório. Sem dúvida, por mais delicado que seja o traje finíssimo do fidalgo, ele não se livrará dos rasgões provocados pelos espinhos da mata virgem, o que a veste de couro do campônio pode evitar com facilidade. Não é a borboleta uma expressão viva mais delicada do que o sapo? No entanto, que poderia fazer mergulhada no gás de metano dos pântanos em que o batráquio vive tão alegremente?[1]

PERGUNTA: — Como é que essas colônias podem se tornar agradáveis, depois de edificadas na mesma substância deletéria e tão agressiva? Não deveria predominar nelas o efeito do meio corrompido, assim como uma cidade edificada nos pólos não se livra do frio, ou qualquer metrópole, no equador, não escapa ao calor?

ATANAGILDO: — Entrais em confusão quando tomais o mundo terreno, com sua matéria grosseira, para por meio dele

[1] Nota do Médium — Ainda se verifica, aqui, o pensamento de Ramatís compondo o período junto a Atanagildo.

avaliardes a natureza sutilíssima do mundo espiritual, que é regido por outras leis ainda desconhecidas no mundo físico. É o caso de alguém querer escovar o raio do Sol, só porque também pode escovar a poeira das vidraças por onde ele atravessa.

Uma cidade terrena edificada sobre o deserto do Saara poderá muito bem modificar o seu clima e transformar-se num "oásis", desde que a ciência humana canalize para ali a água, fertilize o solo, crie sistemas de chuvas artificiais e irrigações e construa refratores de eletricidade que possam atenuar o clima cáustico. E nos pólos podereis introduzir muitas modificações louváveis no seu clima regelado, graças aos abençoados recursos da eletricidade, que muito breve lá empregareis.

Mas em nosso caso o processo é outro; encontramo-nos no mundo interior do espírito, onde a força motriz principal é de outra natureza e dinâmica de ação, predominando a força dos sentimentos e dos pensamentos. Estas se constituem nas principais ferramentas e instrumentos de nosso uso, embora nas regiões mais densas do Astral inferior se requeiram outras energias e processos rudes, que às vezes se assemelham bastante aos dos terrenos. Os espíritos lidam com fluidos densos, viscosos e enfermiços, que lhes aderem vigorosamente aos poros do perispírito, assim como a graxa se infiltra no linho alvo.

Não podeis avaliar os extensos lagos de substância repugnante e agressiva, que pairam ao nível de certas regiões da Crosta, fazendo lembrar vastos desertos sufocantes ou então regiões pantanosas e assustadoras do orbe terráqueo!

PERGUNTA: — Como se pode compreender esse heroísmo dos espíritos que operam nessas regiões astrais?

ATANAGILDO: — Há pronunciado espírito de renúncia pessoal nos que vão trabalhar em tais ambientes repulsivos, porquanto nenhum interesse monetário ou vaidade os impulsiona em suas tarefas, a não ser um grande amor por aqueles que se debatem pela falta de "oásis" benfeitores.

No mundo material, é fácil construírem-se povoações sobre os charcos, várzeas ou regiões inóspitas, graças à gigantesca maquinaria moderna, de que os homens se utilizam para a drenagem satisfatória dos pântanos. Mas o processo aqui difere muitíssimo — e se torna quase indescritível para o vosso entendimento — quando se pretende realizar tarefas superiores na substância opressiva do Astral inferior. Na Terra faz-se a drenagem dos pântanos pelo processo de decantação do lodo, até resultar a matéria sólida; no entanto, o processo aqui é por substituição penosa dos fluidos do meio. É uma tarefa que exige o máximo de heroísmo desses espíritos edificadores, muito semelhantes a verdadeiros transformadores vivos substituindo fluidos deletérios do meio-ambiente e ainda superando as emanações da mente desequilibrada dos desencarnados para ali transferidos da Terra.

PERGUNTA: — Gostaríamos que nos explicásseis a natureza do processo de "substituição" de fluidos, capaz de melhorar o Astral selvático, durante a fundação de novas colônias, em lugar de se fazer a "drenagem" dos pântanos, como é comum na Terra.

ATANAGILDO: — Já expliquei, alhures, que nos agrupamentos humanos de moral subvertida registra-se um verdadeiro acúmulo de fluidos desregrados, que são produzidos pelos pensamentos desordenados no trato das paixões animais. 0 mesmo acontece nas colônias ou cidades trevosas que existem no seio do Astral inferior, povoadas só por espíritos desregrados, que se convertem em verdadeiros depósitos de substâncias mentais subvertidas. Mas o fenômeno se inverte quando se trata de agrupamentos já integrados por almas benfeitoras e de alto poder vibratório energético; então os fluidos nocivos do meio se substituem por outros benéficos, atraídos pelos bons pensamentos, num processo que também se poderia chamar de "decantação fluídica".

Assim, esses núcleos, embora fundados em região Astral inóspita, integram-se por espíritos cujo psiquismo é superior ao meio em que passam a habitar, funcionando como verdadeiros "filtros espirituais", que purificam o ambiente com salutar substituição fluídica. O seu energismo sublime termina dissociando e purificando o ambiente nefasto; pouco a pouco a região se transforma em abençoada clareira, situada no deserto das forças astrais que eram originalmente agressivas. E, então, os fluidos danosos tendem a se afastar para suas zonas eletivas, situadas nos charcos sob a crosta terráquea.

Assim como a higienização e iluminação das cidades terrenas força a mudança das feras e dos répteis para a mataria, também a substituição dos fluidos deletérios, nas regiões astrais, força a mudança das entidades que ali se sentiam bem, até então, por estarem em afinidade com o ambiente.

PERGUNTA: — Poderíeis nos dar uma idéia dessa "afinidade com o ambiente", a que vos referistes?

ATANAGILDO: — Como os fluidos astrais são de assombrosa plastia, quer sob a atuação do pensamento, quer pelas emoções do espírito, essas regiões inferiores, onde se criam novas povoações, e que são impróprias ainda a uma vida mais evoluída, costumam estar repletas de edificações infantis, grosseiras e, por vezes, repulsivas, porque foram delineadas pelas mentes incultas de espíritos primitivos ou pelas dos selvagens que ali viviam o seu mundo rudimentar nos seus "campos de caça". De vez em quando ainda se nota na atmosfera reinante nesses locais o odor enjoativo da vida primitiva e das práticas impuras de seus antigos habitantes; os seus costumes repugnantes e os seus condicionamentos, trazidos da antropofagia do mundo físico, fortalecem a formação de certos panoramas que são desagradabilíssimos às almas de natureza mais elevada.

Os espíritos nômades, dos selvagens, ficam impregnados dos seus estigmas inferiores e de elementos nocivos, que imprimem no Astral um cenário perfeitamente decalcado de sua tosca vida terrena. Eles vivem desencarnados, no Além, mas na ignorância de se encontrarem fora do corpo carnal, porque ainda são incapazes de perceber que mudaram de plano vibratório. Visto que, ao desencarnar, se encontram em um mundo selvagem adrede preparado pelas mentes dos outros companheiros que os precederam na viagem ao Além, confundem os panoramas do Astral com os cenários que deixaram em suas vidas terrenas.

Como desconhecem o calendário do civilizado e são fracos de raciocínio, não têm noção do tempo e não sabem se desencarnaram ou quando isso aconteceu. E assim prosseguem alegremente em suas relações comuns, convictos de que ainda se encontram atuando na vastidão das florestas do mundo material.

Pela lei de que "os semelhantes atraem os semelhantes", os selvagens são atraídos para as zonas inóspitas do Astral, onde se ajustam perfeitamente e casam a rudeza do seu perispírito com a ação das energias inferiores do meio. Daí a lenda que os silvícolas terrenos transmitem de geração para geração, de que seus mortos passam a viver nos "campos de caça", e as suas sepulturas devem ser guarnecidas com armas e utensílios de que hão de precisar na outra vida.

Muitos agrupamentos, colônias e cidades socorristas de desencarnados, que foram edificadas em antigas zonas repletas de estigmas silvícolas, já lograram se constituir em sublimes clareiras de luz, como a metrópole do Grande Coração, cujo padrão vibratório superior dissolveu a substância deprimente, que ainda existia acumulada pela rudeza psíquica dos selvagens.

PERGUNTA: — Não conviria higienizar o Astral de tal modo que todas essas colônias ou florestas silvícolas se transformassem em agrupamentos civilizados, para melhor influírem nas almas primitivas e conduzi-las a um melhor entendimento espiritual?

ATANAGILDO: — Não seria conveniente que se extinguissem, no Astral, as "florestas de caça" dos silvícolas, porque elas ainda lhes servem de verdadeiro "caldo de cultura" psíquica e de ambiente adequado à expansão de suas consciências ainda imaturas. Mesmo na Terra, apesar do considerável progresso já conseguido pelas suas metrópoles, ainda existem agrupamentos selvagens, que não podem se situar na faixa do homem civilizado. Esses seres primitivos não devem ser violentados em sua linha psicológica, nem expulsos do cenário de formas familiares, que lhes constituem um "ponto de apoio" bastante necessário para amadurecer o seu entendimento rudimentar e os elevar até a ética convencionada pelos civilizados. Eles também são alvo de atenção dos preceptores mais altos, que lhes proporcionam recursos gradativos para melhor ajudá-los na compreensão da espiritualidade.

Deus tanto assiste aos seus Arcanjos Constelatórios, que comandam e alimentam os sistemas solares, como atende às consciências ainda embrionárias dos seus filhos primitivos, das florestas, cuja razão ainda não pode se desenvolver a distância da ruidosidade belicosa das tabas primitivas. Mas é óbvio que esse tratamento e assistência espiritual devem se fazer de modo suave, sem violentar o entendimento rudimentar do silvícola. Enquanto os "campos de caça" do Mundo Astral ainda servem aos imperativos da razão selvagem, as altas esferas auxiliam o espírito do homem evoluído a se libertar das formas ilusórias dos mundos planetários.

PERGUNTA: — Isso quer dizer que é de suma importância a existência dessas colônias astrais, de vários aspectos e condições evolutivas, a fim de poderem se processar com êxito as reencarnações desses espíritos na Terra; não é assim?

ATANAGILDO: — Pela lei de correspondência vibratória, no Cosmo, os bugres também requerem o seu prévio ajuste energético no seio de suas florestas astrais, a fim de mais facilmente se encaminharem para a reencarnação nas matas terrenas. Esses agrupamentos, colônias e metrópoles astrais, que se situam no interior da aura que circunda o globo terráqueo, tanto servem para controlar as reencarnações e desencarnações dos espíritos, como ainda atendem à multiplicidade de novas consciências que ascensionam continuamente para a razão mais alta.

PERGUNTA: — Por que motivo esses selvagens não dão conta dessa grande diferença de leis entre o mundo físico e o Astral, e continuam crentes de que ainda permanecem na matéria?

ATANAGILDO: — As leis que regulam as relações do Cosmo são sempre as mesmas, mas a sua aplicação varia em conformidade com o plano de atividade espiritual. O homem que puxar a sua orelha de "carne", com sua mão de "carne", certamente há de sentir uma reação tão dolorosa quanto for a força que empregar nesse ato; mas o espírito desencarnado, que puxar a sua orelha "etérica", com sua mão "etérica", há de sentir a sensação dolorosa de modo mais intenso e bem mais vivo. E isso acontece por causa da lei de correspondência vibratória, pois um ato etérico torna-se mais sensível porque se realiza num plano mais sutil.

Isto é lógico e sensato! Ilógico e insensato seria o caso de o espírito encarnado resolver puxar com sua mão de "carne" a sua orelha "etérica", ou então pretender mover a sua orelha de "carne" com sua mão "etérica", pois entraria em conflito com as próprias leis que regulam a "ação" e a "reação" em cada plano vibratório. Não há ilogismo no caso do raio de luar se refletir num frasco de cristal; a insensatez seria pretender-se aprisioná-lo no referido frasco, pois isto contraditaria a lógica da Lei que regula a produção de cada fenômeno no seu campo vibratório simpático. Eis por que nada há que estranhar no fato de os silvícolas desencarnados continuarem a sua vida turbulenta nos campos etéricos de "caça", que também existem no Além-túmulo. Já que existe perfeita correspondência vibratória entre os seus corpos etéricos e as florestas também etéricas, não ocorre qualquer contradição entre os atos dos silvícolas e as leis do meio-ambiente e, por isso, eles não podem dar conta da diferença de leis a que vos referis.

Acontece, também, que as suas reações são muito mais vivas e positivas do "lado de cá", porque se registram no plano vibratório mais eletivo e receptivo à sensibilidade aguçada do espírito livre do corpo carnal. Ademais, embora esses selvagens desencarnados atuem por meio de um corpo mais leve, como é o perispírito, a sua imaturidade espiritual ainda não lhes permite efetuarem raciocínios e comparações que lhes possam fazer compreender o fenômeno de sua morte no plano físico.

Para eles, a vida continua da mesma forma como ocorria na matéria, porque, tanto na Terra como no Astral, eram e continuam a ser orientados pela "mente instintiva", principal responsável pelas suas consciências infantis. O que eles pensam é que foram transferidos para outras tabas ou tribos, sem poder concluir inteligentemente a respeito das mutações da vida espiritual. É certo que, algumas vezes, eles se sentem surpresos e, doutra feita, até melancólicos, quando tentam intervir na vida dos seus descendentes ainda encarnados, sem poder compreender os motivos por que a parentela silvícola não lhes atende às gesticulações e aos apelos guerreiros.

Colônias astrais de costumes antiquados

PERGUNTA: — Dissestes-nos, certa vez, existirem no Astral algumas colônias cujos habitantes ainda conservam seus costumes antiquados, por serem espíritos demasiadamente conservadores. Que idéia poderemos ter dessas colônias?

ATANAGILDO: — Recordo-vos que se trata de comunidades de existência transitória em tais colônias, destinadas somente ao aperfeiçoamento de seus habitantes desencarnados quando excessivamente tradicionalistas, motivo por que tudo ali está disposto de modo a ser alcançada a sua finalidade educativa. Entre as suas populações encontram-se caracteres espirituais de todos os matizes, principalmente os espíritos bisonhos, os acostumados aos conventos e os conservadores, ainda presos às tradições antiquadas, mas que merecem o ingresso nas comunidades astrais ordeiras, porque são pacíficos e espiritualmente inofensivos. A fim de ativar-lhes o progresso estagnado pelas tradições do passado, os espíritos de maior capacidade intelectual e dinâmica misturam-se com esses letárgicos moradores do Além e os auxiliam na ascensão sideral.

A arquitetura dessas colônias é arcaica e semelhante à de certas civilizações já extintas. Há ocasiões em que os próprios mentores espirituais providenciam certas edificações de molde antigo, às pressas, a fim de atender a grupos desencarnados tão apegados ao conservantismo das coisas materiais, que se sentiriam deslocados num ambiente modernizado. Já tenho reparado, outrossim, que em algumas regiões situadas entre a nossa metrópole e a crosta terráquea, edificam-se grandes estalagens e hospitais de emergência nas vésperas de se registrar alguma tragédia coletiva naquelas zonas geográficas da Terra, tais como guerras, revoluções ou catástrofes causadas por convulsões da Natureza.

PERGUNTA: — Já assististes, do Plano Astral, ao desenrolar de alguma dessas catástrofes coletivas?

ATANAGILDO: — Pude apreciar os efeitos dantescos de certa revolução ocorrida na América do Sul, entre homens do mesmo país; os trucidados chegavam aos magotes e em desesperada situação de desconforto espiritual. Ainda se lhes viam as auras de cor escarlate brilhante e enodoadas, de onde se desprendiam chamas de fogo geradas pelo ódio, que ainda lhes tomava o coração. Relâmpagos fulgurantes, duma cor sanguínea, sulcavam-lhes o envoltório da aura conturbada; depois podiam se ver filetes formados pelas repulsivas toxinas, que escorriam pelo perispírito agitado parecidos a fios de lama deslizando sobre tecido vítreo.

De vez em quando, no meio daqueles espíritos alucinados — que eram recolhidos às pressas pelos espíritos enfermeiros e encarregados dessas tarefas desencarnatórias — percebia-se em alguns certa clareza espiritual. Então eu podia descobrir que se tratava de espíritos caridosos, que haviam desencarnado no fragor da metralha em decorrência do seu extremado serviço de socorro aos infelizes beligerantes e não por interesse partidarista. De outra feita, também vislumbrei alguns grupos de almas tranquilas, que se uniam, à parte, sob a lei de afinidade espiritual. Eram seres que haviam sido obrigados a compartilhar da luta fratricida, mas que estavam isentos de ódio, porque preferiram morrer a matar o seu adversário.

Estes, pouco a pouco, se engalanavam de luz suave e eram sustentados por outros grupos de espíritos socorristas; em breve, sob um mesmo diapasão de júbilo, ergueram-se como pluma ao vento e as suas figuras, sem angústias nem pesares, fundiram-se nas massas esvanecentes em direção aos seus núcleos venturosos.

PERGUNTA: — Pensamos que, após a morte do corpo físico, os espíritos deviam modificar a sua visão psíquica, compreendendo que as formas do mundo terreno significam estágios provisórios e de rápido aprendizado espiritual. Se assim fosse, não se justificaria a existência dessas comunidades antiquadas, no Astral; não é assim?

ATANAGILDO: — Assim não pode ser, visto que a morte do corpo não é fonte de onisciência, nem diploma de santidade; o espírito desencarnado tem de fazer jus às suas próprias criações mentais, na conformidade do contato que haja tido com os elementos bons ou maus da vida educativa do mundo terreno. É por isso que existem agrupamentos astrais que ainda permanecem jungidos aos sistemas medievais, onde os castelos, as pontes rústicas, o transporte por muares, camelos, bovinos e as moradias pitorescas lembram o cenário das narrativas românticas e as aventuras de capa e espada, do passado.

E assim essas colônias servem perfeitamente para determinada camada de espíritos excessivamente conservadores, que ali se instalam e se aferram vigorosamente ao seu passado, sentindo-se incapazes de se equilibrar em ambientes modernos e de cultuar relações que são por demais dinâmicas para o seu psiquismo retardado. Bem sei que estas descrições parecer-vos-ão incongruentes e produto de um cérebro fantasioso; no entanto, mesmo no vosso mundo material, podeis comprovar que num mesmo local e ambiente ainda vivem espíritos em completo antagonismo mental. O avarento, por exemplo, não é um deslocado do progresso cotidiano? Sim, pois ele vive completamente aferrado ao anacronismo de uma vida primitiva, a esconder a sua fortuna e a se isolar de todas as inovações ou coisas que possam forçá-lo a gastos inesperados. É certo pois que, ao desencarnar, esse avarento não conseguirá se equilibrar num cenário de aspecto avançado e para o qual não se preparou nem faria jus, tão preso ele está aos seus receios de perdas e às preocupações exclusivamente utilitaristas. Quando desencarna, o avaro transfere para o Além o seu mundo íntimo, repleto de desconfianças e de usura. Por isso, fica impedido de viver tão ampla e desafogadamente como vivem os outros espíritos que não guardam restrições para com o meio.

PERGUNTA: — Com essa comparação, quereis dizer que as criaturas virtuosas, embora mentalmente atrasadas, sempre se ajustarão nas comunidades avançadas. É isso mesmo?

ATANAGILDO: — As virtudes superiores, como a bondade, a humildade, a tolerância, que encaminham almas para comunidades como a do Grande Coração, nem sempre conseguem libertar o indivíduo das formas arcaicas, que podem ainda dominar a mente de certos desencarnados. Quantas mulheres terrenas há, boníssimas e serviçais, que ainda resistem vigorosamente às inovações da cozinha moderna, preferindo a função de foguistas domésticas, junto ao fogão a lenha, a se utilizarem do que funciona a gás ou eletricidade! Em verdade, o que ainda lhes vai na alma é o medo das coisas novas, pois a sua índole é escrava da tradição e das coisas velhas, as únicas que lhes são familiares, porque viveram muito tempo em contato com elas. Dói-lhes na alma essa mudança de simpatia para com as coisas novas e "estranhas", e falta-lhes o ânimo para vencer o condicionamento psicológico, produzido pelo trato demorado com os objetos familiares.

Não há certo tipo de criatura, na Terra, que vive reclamando continuamente contra quaisquer inovações e descobertas científicas, augurando-lhes as piores consequências, só porque não se afina a esses eventos, que perturbam a rotina comum e quebram a tranquilidade epicurística dos espíritos conservadores? É fora de dúvida que, no Mundo Astral, tais seres também serão atraídos para cenários e panoramas que vibrem em perfeita sintonia com as suas caturrices e comodidades.

PERGUNTA. — Através do nosso raciocínio, pensávamos até aqui que bastaria desenvolvermos certas virtudes, para dispensarmos quaisquer preocupações com o tipo formalístico dos ambientes astrais. Poderíeis nos dar melhores detalhes dessa situação, que nos livrassem desse embaraço de compreensão?

ATANAGILDO: — Para o conseguirdes é preciso não esquecerdes a idade mental das criaturas, fator que ainda mais prepondera no caso de espíritos desencarnados. Porventura costumais dar os mesmos entretenimentos ao velho e ao menino e lhes exigis as mesmas restrições psicológicas, apenas porque ambos possuem as mesmas vírtudes? Se pudésseis examinar todos os tipos de espíritos que se movem através da imensurável "escada de Jacob" da evolução sideral, haveríeis de encontrar almas que, embora dignas de habitar um céu, ainda estão presas fanaticamente às tradições dos mundos materiais. É justamente em correspondência à própria Bondade de Deus que os mentores espirituais ainda atendem essas almas em suas preferências antiquadas, mas inofensivas, até que elas se sintam fortalecidas e se enquadrem no ritmo evolutivo, libertando-se das realizações decrépitas.

Essas almas só por pouco tempo poderiam permanecer nas zonas de avançada dinâmica espiritual, pois em breve se esgotariam, impossibilitadas de se harmonizarem com as criações progressistas dos seus companheiros mais evolvidos. O fenômeno ser-vos-ia compreensível se imaginásseis o sertanejo pacato, arrancado de sua aldeia e guindado subitamente ao turbilhão de ruidosa metrópole, para cuja vida ainda não estivesse preparado. Em breve ele se sentiria deslocado no meio e profundamente exausto.

Como a substância etéreo-astral é facilmente amoldável à ação dos pensamentos dos espíritos desencarnados, essas colônias antiquadas também concretizam o produto do pensamento antiquado dos seus próprios habitantes. Eles renovam continuamente, entre si, a paisagem exterior, mas ignoram que a rigidez e o conservantivismo de suas construções devem ser combatidos e substituídos por novos padrões mais progressistas e de mais leveza astral.

PERGUNTA: — Os mentores siderais não poderiam ensiná-los a modificarem a mentalidade para então se ajustarem a comunidades superiores?

ATANAGILDO: — Esses espíritos se beneficiam com a composição arcaica de sua morada astral, porque lhes atende aos gostos e aos caprichos conservadores, constituindo o seu verdadeiro mundo, alimentado pela energia resultante do seu próprio pensamento. Na figura de crianças espirituais, ainda ignoram e subestimam o glorioso poder da mente, deixando--se influenciar, emotivamente, pela natureza de uma paisagem que ainda permanece "fora de si". Embora os técnicos os eduquem com insistência para que despertem da letargia mental e renovem o meio em que vivem, queixam-se de incapacidade para desenvolver o dinamismo próprio das almas decididas. Em consequência, permanecem por muito tempo no seu panorama medieval e primitivo, formando colônias de aspecto antiquíssimo e se revelando almas estacionadas no tempo. Algumas delas se deixam vencer pela apatia e letargia mental, mas a maioria é vítima de sua própria decepção, pois estava certa de encontrar ali a sonhada beatitude e o eterno repouso celestial. Então, essas almas ficam reduzidas no seu impulso criador e na renovação dos seus raciocínios, deixando de lutar pelo progresso, convictas de que merecem mesmo um ambiente de inextinguível ociosidade espiritual.

Embora possam ser dotadas de tendências boas e inofensivas, ainda são almas espiritualmente imaturas, ou indiferentes; como não se encontram no paraíso que lhes prometeram os sacerdotes do mundo terreno, sentem-se acabrunhadas e ficam presas às evocações saudosistas do passado e algemadas aos preconceitos e às formas do mundo que deixaram. Ainda estimam as futilidades aristocráticas e as tradições tolas da matéria e, por isso, ajustam-se perfeitamente a um ambiente astral que corresponde vibratoriamente ao seu psiquismo atrasado, como cópia fiel do mundo que lhes domina o pensamento retardado.

Mas os mestres corrigem sabiamente essas situações, disciplinando esses espíritos, gradativamente, em departamentos educativos, embora tolerando as suas criações infantis e sem lhes violentar as configurações pitorescas.

Sabeis que nos "Jardins de Infância" terrenos, embora queirais esclarecer as crianças mais progressistas, tereis que primeiramente vos ajustar ao seu entendimento ainda povoado de fantasias e canduras. Compreendestes agora a situação?

PERGUNTA: — Naturalmente, ainda encontramos certa dificuldade para avaliar com êxito e bom senso esse modo de vida astral tão primitivo. No nosso entender, o Além deveria ser apenas um ensejo de vida intimamente espiritual ou, em última hipótese, um panorama sempre mais avançado que o da Terra. Custa-nos compreender que os desencarnados no século XX ainda tenham de conviver num panorama astral que é cópia fiel do século XV!... Estamos equivocados?

ATANAGILDO: — Não deveis generalizar o assunto, pois, circundando o Astral do globo terráqueo, existem muitas coletividades espirituais cujo padrão de vida se adianta de alguns milênios sobre o vosso estado atual. Tudo é uma questão de equilíbrio vibratório e, quanto mais os espíritos se sutilizam e se espiritualizam, tanto mais se afastam "interiormente" da substância material. Assim como no Astral ainda se agrupam almas de raciocínios medievais, na Terra ainda existem criaturas que, embora se integrem ao padrão social, artístico e científico ou técnico do século atual, já são mentalmente adiantadas de algumas dezenas de anos terrestres, pois na sua intimidade espiritual conseguem abranger um padrão vibratório que só pulsa nas metrópoles astrais mais avançadas. Elas sentem, com bastante antecedência, um conceito de vida que só futuramente será transferido ou "descido" do Alto para o plano da matéria.

Temos o exemplo em Jesus, que é justamente a entidade que abrangeu o mais alto padrão estético de vida, no planeta, e que se possa conceber na paisagem terrena. Embora ainda existam colônias astrais que refletem fielmente os padrões graníticos e arquitetônicos da Idade Média, habitadas por espíritos que se revestem até de armaduras e se movem numa atmosfera de recordações sombrias, nas altas esferas palpitam outras coletividades, que se movem no seio de edificações recortadas no éter refulgente, onde as cores, os perfumes e as luzes, em divina simbiose, compõem os mais surpreendentes efeitos sinfônicos e formam indescritíveis bordados vivos e melódicos, que não só embelezam o ambiente, como predispõem a alma a ingressar nas "correntes cósmicas" e sentir a pulsação criadora da vida eterna.

Enquanto no ambiente astral das edificações anacrônicas as almas tradicionalistas e conservadoras ainda se arrastam escravizadas ao passado, chegando até a exigir alimárias para os seus transportes, nos agrupamentos mais altos basta a volição, ou seja, a força mental, para impulsionar os perispíritos repletos de diáfana luminosidade, que se movem qual paina de seda ao impulso da brisa.

O mesmo poder mental que, em desuso, cristaliza ambientes antiquados entre as almas letárgicas, quando é utilizado pelos espíritos superiores atende à mais alta imaginação e cria panoramas que ainda levareis alguns milênios para alcançar.

PERGUNTA: — Mas, com a desencarnação, não seria mais lógico que se fizessem desaparecer imediatamente as idéias envelhecidas do passado, substituindo-as por concepções mais adiantadas? Achamos esquisita essa estratificação de idéias em espíritos desencarnados, que teimam em conservar agrupamentos tão retardados, quando na Terra já deviam ter conhecido o automóvel, o avião e a leveza dos edifícios modernos. Isso tudo não vos parece algo contraditório?

ATANAGILDO: — Exagerais nas vossas cogitações e dúvidas, pois, embora exista em vossa pátria essa "leveza" de edificações e se faça uso de veículos rápidos, aviões a jato, radiofonia, televisão, cozinhas elétricas, geladeiras, roupa confortável, leve e funcional, ainda subsistem países onde vicejam os reis coroados, os cortesões seculares e os fidalgos conservadores, aferrados a brasões de lata, condecorações de metal, insígnias e galardões dourados, que as traças continuam a roer nos baús envelhecidos e a ferrugem a comer nas panóplias medievais.

A própria Igreja Romana, que tanto trabalhou para divulgar a mensagem do Cristianismo, como sendo a doutrina libertadora de todos os tabus e preconceitos terrenos, não se exaure, porventura, em fatigante e complicado ritual, enquanto o próprio Vaticano se cerca de pomposa guarda ainda revestida de armaduras bélicas?

Não é essa guarda ostensiva uma demonstração cabal de que certos homens que aceitaram o encargo de exemplificar um alto teor espiritual, liberto de fórmulas mundanas, ainda não puderam se livrar das tradições anacrônicas dos séculos empoeirados?

É bastante que certas criaturas sejam convocadas em vosso mundo para servir em postos de destaque da administração pública ou no seio das igrejas para que logo se assemelhem a velhos museus ambulantes, repletos de jóias caríssimas, cobertas de mantos luxuosos, movendo-se com exagerada afetação pelos palácios seculares ou pelos templos suntuosos, assemelhando-se aos manequim que se empertigam nas vitrines de exposições de modas.

PERGUNTA: — Mas, depois que esses espíritos ingressam no Mundo Astral, não podem se reajustar à realidade do meio e se desligar das tradições, que só se justificam como obrigações decorrentes das responsabilidades oficiais da Terra?

ATANAGILDO: — Bem sabeis que a Terra não deixa de ser também um mundo em incessante progresso, extensível a todos os seus campos de ação e trabalho. Assim sendo, bem poderia despertar também essas criaturas. No entanto, elas nunca passam de almas deliberadamente conservadoras e estratificadas nos seus costumes tradicionais; vivem mentalmente algemadas aos atavismos tolos e aos preconceitos envelhecidos, porque a sua índole psicológica impõe-lhes essa resistência decidida contra o dinamismo comum da vida. Há as que cruzam as ruas, em capitais modernas, soterradas sob o veludo bordado e as sedas rendadas, assim como há as que exaurem os cofres públicos, em carros puxados por fogosos corcéis, com vistosos cocheiros agaloados, não notando que dessas viaturas rescende um bolor secular. E enquanto essas criaturas reproduzem ao vivo as velhas oleogravuras aristocráticas do passado, nas mesmas ruas em que elas se movem circulam velozmente automóveis de fabricação aerodinâmica, homens em manga de camisa, que gozam a delícia do Sol benfeitor ou mulheres cujas vestes são um convite primaveril do século XX.

Enquanto milhares de criaturas do vosso mundo se entregam ao dinamismo avançado da vida humana, dominadas pelo júbilo, afeitas à risada feliz e desapegadas de convenções sisudas, outras se escravizam ao orgulho dos brasões, das condecorações e paramentos sufocantes, quais velhos atores da tragédia shakespeariana. Elas não vivem; vegetam sob exaustiva disciplina protocolar até o bucólico instante em que a morte do corpo as chame para a realidade espiritual.

Por isso mesmo, depois que ingressam nas coletividades astrais, já afastadas desses convencionalismos ridículos e aristocráticos da Terra, ainda não se equilibram nas esferas avançadas, porque lhes falta a espontaneidade dos carinhos e, portanto, a facilidade de conquistar relações amigas que, no Além, não se conseguem por meio de cerimoniais fatigantes ou então na troca de fingidas etiquetas sociais.

PERGUNTA: — Não será de crer que essas almas se escravizam tanto às convenções sociais e ao protocolo exaustivo porque realmente provêm de alguma alta estirpe espiritual?

ATANAGILDO: — Quantas vezes as injunções da vida humana se encarregam de desmentir a pretensa descendência aristocrática espiritual de muita gente, que não passa de acidente de nascimento em ambiente requintado. Quantas vezes as revoluções populares, as quedas de regimes políticos, o fracasso financeiro e o desastre econômico atiram criaturas demasiadamente empertigadas aos desvãos tristes da pobreza angustiada, onde indivíduos de "alta estirpe" terminam enxugando louças, vendendo quinquilharias ou se entregando febrilmente à corretagem e às profissões modestíssimas. Quantas vezes transformações violentas revolucionam países já carcomidos pelo vampirismo da aristocracia ociosa. E então, os condes, os duques, os barões e as princesas vêm-se obrigados a trabalhar no banco modesto do engraxate, na vida úmida do cavoqueiro, na direção de veículos de transportes ou como costureirinhas pobres, como já aconteceu no faustoso império russo.

PERGUNTA: — E qual o meio de se fazer com que esses espíritos conservadores e tradicionalistas se modifiquem, a fim de que também se transforme o seu ambiente medieval, no Mundo Astral?

ATANAGILDO: — É a Bondade do Criador que estatui essas transformações de classe, fortuna e poderes, de que vos falei, quando as almas empertigadas, escravas da tradição e sem adiantamento espiritual, são lançadas dos seus pedestais dourados ou expulsas de sua aristocracia vaidosa. Graças ao novo rumo que violentamente lhes é imposto na corrente comum da vida humana, ou então por voltarem a se reencarnar no seio de extrema pobreza, esses espíritos demasiadamente rotineiros perdem o excessivo orgulho de casta e a obstinada idéia de superioridade social, para então se congregarem aos demais irmãos de jornadas espirituais, abandonando em definitivo o protocolo exaustivo das existências artificiais.

E como as cidades e povoações astrais são apenas comunidades de caráter provisório, que servem para atender às várias gradações de espíritos em progressiva ascensão, não será o ambiente medieval de certas colônias que há de se modificar, em consequência da modificação dos seus moradores, mas estes é que se transferem definitivamente para outras paisagens mais evoluídas e afins às suas renovações íntimas. Na longa esteira de evolução, muitos outros espíritos, que os seguem à retaguarda, ainda irão precisar de tais ambientes anacrônicos para os seus estágios astrais.

PERGUNTA: — O atual padrão evolutivo da Terra distancia-se muito do tipo dessas colônias antigas, que ainda existem no Plano Astral?

ATANAGILDO: — O orbe terráqueo, na verdade, ainda se situa entre dois tipos espirituais extremos; dum lado o tipo tradicionalista, conservador e apegado drasticamente ao passado e às formas envelhecidas, sempre se angustiando ao deixar o mundo físico; doutro lado, o tipo idealista, corajoso, heróico, censurado e mesmo combatido em sua faina avançada, mas o responsável pelos novos padrões evolutivos do mundo, pois rasga os horizontes sombrios e abre novas clareiras para o avanço do rebanho humano. Ele sempre se move à frente da massa retardada, que em melancólica marcha ainda requer o aguilhão constante da dor e das vicissitudes humanas, para então sacudir a poeira que lhe oprime a mente conservadora. Os idealistas constituem o grupo menor e se dispersam, solitários, pelas estradas da vida terrena, porque não conseguem se adaptar às fórmulas estratificadas da sociedade, nem mesmo se satisfazem com os chavões e os conceitos demasiadamente sisudos. Eles procuram a Verdade como o ideal da Ciência; o Bem como o ideal da Moral; a Beleza como o ideal da Arte e o Amor como o ideal da Religião. São conhecidos na Música como um Beethoven, Wagner, Mozart ou Verdi; na Pintura como Ticiano, Da Vinci ou Cézanne; na Literatura como Flaubert, Cervantes, Dickens ou Zola e, na Fé e na Verdade, como Krishna, Buda ou Jesus. Eles marcham à frente da caravana dominada pelas superstições do passado, pelos preconceitos sociais ou pelas tradições da vaidosa aristocracia do mundo.

PERGUNTA: — Do que nos dizeis, deduzimos que no Mundo Astral as raças terrenas passam a se reunir de novo. É assim?

ATANAGILDO: — No Além, os espíritos não só se reúnem sob a mesma tendência de natureza espiritual, como ainda se agrupam pela afinidade de raça, senso psicológico e concepção filosófica, do que resulta um padrão harmonioso e familiar, que muito favorece o êxito do trabalho em conjunto. Assim é que, no Mundo Astral, ainda se podem encontrar colônias constituídas fundamentalmente por latinos, eslavos, germânicos, saxões, árabes, hindus ou chineses, os quais conservam os seus costumes tradicionais e preferidos da Terra.

Mas, embora as almas desencarnadas possam se unir pelos vínculos de raças terrenas, tanto podem constituir civilizações muito avançadas para os vossos dias, como podem constituir também agrupamentos escravos das tradições do passado. A Esfera Astral, em torno do globo físico, significa a região onde se agrupam todos os desencarnados terrenos; é natural, portanto, que nessa região se reproduzam atividades como se se tratasse de outra Terra semelhante, embora muito mais rica de oportunidades espirituais, em face de sua essência sutilíssima, que amplia os recursos de seus habitantes. Por isso mesmo, também podereis encontrar, no Além, todas as diferenças pitorescas e as contradições que ainda são muito comuns no mundo material.

PERGUNTA: — Perdura ainda em nossa mente a idéia de que a desencarnação deverá ser suficiente para abolir a maior parte dessas ilusões que os espíritos ainda cultivam e que são próprias das coletividades do mundo terreno. Quer-nos parecer que, assim como os ateus terão que se convencer de sua imortalidade, depois de desencarnados, essas almas rotineiras e tradicionalistas também hão de se ajustar à espontaneidade da confraternização universal, extinguindo o espírito racial. Que nos dizeis a respeito?

ATANAGILDO: — É preciso ter em vista as condições mentais dos espíritos desencarnados, assim como levais em conta, na pedagogia infantil, as criações fantasiosas que ainda povoam o cérebro das crianças. Não se pode exigir da menina imaginativa, que se finge de mãe a embalar a boneca, a mesma responsabilidade grave, de criação dos filhos, que só compete à mulher adulta. Seria absurdidade, outrossim, que exigísseis do menino, que se distrai com o seu "jogo" de armar casas com pedacinhos de madeira, a mesma responsabilidade que se atribui ao engenheiro na construção de um "arranha-céu".

Mesmo no vosso orbe material, e na mesma área geográfica, tendes um exemplo de como podem divergir os estados de alma dos indivíduos, pois, enquanto Einstein preleciona sobre a lei da relatividade, Toscanini rege magnífica orquestra sinfônica, e culto orador magnetiza o público pela genialidade de sua palavra, a poucos metros de distância alguns espíritos se debatem no cenário doentio dos cubículos infectos dos hospícios. Sem dúvida, pouco adiantaria colocardes esses loucos no ambiente festivo de luxuoso hotel ou levá-los a gozarem a poesia da paisagem compestre, pois eles prosseguiriam infelizes em sua intimidade enferma e perturbada pelo vácuo da razão.

Enquanto certas criaturas se afeiçoam ao dinamismo da vida moderna e derrubam paredes encasteladas, asseiam vetustos salões, modificam o estilo petrificado das residências faraônicas, edificam ambientes modernos, fartos de luz e de ar, outros seres preferem criar a atmosfera sisuda do castelo medieval, onde as traças e os parasitas sobrevivem protegidos pelos móveis seculares e pelos tapetes espessos.

É fora de dúvida que estes espíritos não precisariam desencarnar para comprovarem a existência de outras criaturas avessas a tais costumes tradicionais; as suas simpatias para com o que quer que seja os acompanham após à morte corporal e lhes atearão invencíveis saudosismos da vida terrena, que passarão a copiar doentiamente.

PERGUNTA: — O advento da máquina não operou, porventura, extraordinária revolução nos costumes humanos? Acreditamos que, nessas colônias antigas, existentes no Astral, poder-se-iam efetuar grandes transformações mentais, desde que se realizasse nelas algum progresso, como aconteceu com o advento dessa mecanização admirável na vida física! Que nos dizeis?

ATANAGILDO: — Malgrado as vossas justas considerações, alguns povos europeus e asiáticos, na Terra, ainda são visceralmente afeitos ao tradicionalismo do passado, e por esse motivo resistem deliberadamente à infiltração avançada da máquina moderna. Nas margens do Ganges, do Nilo e do Eufrates, camponeses e pescadores teimam em usar utensílios, instrumentos agrícolas e embarcações que fariam corar de espanto os vossos bisavós!...

Certos principados, sultões ou chefes de tribos emancipadas repelem os trajes simples da vida moderna, porque apreciam a pompa, o cerimonial e as etiquetas reais, sentindo-se voluptuosamente felizes quando podem ostentar debruns, galardões, vestuários cintilantes de pedrarias e condecorações do tempo de impérios dos quais o passado mal guarda o pó e a lembrança. O mundo moderno, repleto de atividades renovadoras e dum cientificismo que vai demolindo superficialidades e aproximando todos os extremos da vida humana, ainda não conseguiu modificar a intimidade dessas criaturas repletas de idéias antiquadas e de convicção de genial sapiência!...

É óbvio, portanto, que após a desencarnação, elas também se deixarão dominar pelas suas imagens mentais regressivas, submetendo-se unicamente às regras conhecidas e às tradições simpáticas. Como a vida após o túmulo depende fundamentalmente da força mental do espírito desencarnado, funcionando o pensamento como o seu potencial de relações e progresso, nenhum advento progressista, semelhante ao que ocorreu com a máquina, na Terra, poderá romper as cristalizações mentais dessas almas escravas das regras envelhecidas.

Colônias do Astral – Raças e nacionalismos

PERGUNTA: — As colônias, agrupamentos ou cidades astrais que existem em torno da Terra conservam sempre as características das raças ou das cidades terrenas situadas em suas proximidades?

ATANAGILDO: — Em torno do Brasil, por exemplo, existe grande quantidade de postos, departamentos, comunidades, colônias, organizações e metrópoles astrais de todos os matizes evolutivos e com denominações de certa poesia sideral; suas populações variam de acordo com a maior ou menor aproximação dos seus núcleos junto à superfície do globo terráqueo. São comunidades laboriosas, em incessantes atividades e intercâmbio convosco, que assistem e protegem todos os labores evolutivos e as relações entre os "mortos" e "vivos" do Brasil.

No entanto, sobre cada país da Europa, Ásia, África e Américas, também existem outras comunidades astrais, que conservam as características peculiares a cada povo ou raça das zonas geográficas que elas supervisionam do mundo invisível, de conformidade com as diretrizes que lhes são traçadas pela administração mais alta e responsável pelo globo terráqueo. Dentre a quantidade de espíritos situados no Astral da Terra, acredito que dez bilhões ainda carecem de encarnações na crosta planetária do vosso orbe ou de outros inferiores, que ocorrerão principalmente após a grande seleção profética, que já se processa neste século.

PERGUNTA: — E junto a esses vários países ou cidades

terrenas também existem colônias de espíritos diabólicos, que seguem os costumes da região física com que se simpatizam?

ATANAGILDO: — Nas regiões situadas no Astral inferior de cada país terreno vivem coletividades sombrias, dirigidas por entidades trevosas, que ainda conservam costumes parecidos aos da matéria, as quais lutam para o domínio do mundo físico e são adestradíssimas na prática da vingança e da prepotência diabólica. Elas é que incentivam nos encarnados a cupidez, a luxúria ou a crueldade, ao mesmo tempo que se desforram nos infelizes espíritos que ainda se encontram onerados de culpas, remorsos e aviltamentos. Mas, indiretamente, essas comunidades sombrias auxiliam as almas delinquentes que para ali partem endividadas com o mundo terreno, pois embora exerçam a vingança e imponham atrozes sofrimentos às suas vítimas, também lhes proporcionam o resgate de suas dívidas e as condições vibratórias para retornarem à pratica do Bem.

Nessas regiões dantescas, onde não se conhece a piedade ou a tolerância para com os que deformam o caráter nos pecados do mundo, o padecimento é obrigatório, à semelhança de operações cirúrgicas destinadas à extração de tumores malignos refratários ao tratamento clínico. Esses espíritos, entregues às paixões animais, só nessas colônias poderão se corrigir, o que não seria possível entre as vibrações sutilíssimas das esferas superiores; além disso, essas almas precipitam-se nos abismos trevosos do Astral inferior, forçadas pelo próprio peso específico dos fluidos lodosos que lhes aderem à superfície do perispírito e perturbam a circulação livre do magnetismo benfeitor.

PERGUNTA: — Há quem afirme, baseado em comunicações mediúnicas, que as raças só se reúnem, no Espaço, quando afinadas pelo mesmo sentimento patriótico-racial. No entanto, já tivestes ocasião de dizer que esses agrupamentos astrais são produtos das qualidades morais dos espíritos e não de sua disposição afetiva de raça. Poderíeis esclarecer esse ponto?

ATANAGILDO: — O problema é mais complexo do que imaginais; por exemplo: as almas que, de modo absoluto, já tenham consolidado em si a virtude da sinceridade, podem formar no Astral uma só coletividade à parte, constituindo então a colônia de espíritos sinceros, pouco importando que provenham da África, da Europa, da Ásia ou das Américas, pois a virtude da sinceridade é que realmente servirá de diapasão para indicar o direito de moradia na comunidade. Mas é óbvio que tal confraternização só será realizável em esferas elevadas, onde haja desaparecido o sentimento racial, pelo reconhecimento da existência da família universal.

Sob orientação semelhante, a metrópole do Grande Coração realiza um trabalho especial sobre determinada região geográfica e Astral do Brasil, selecionando ali os espíritos desencarnados que apresentam o padrão espiritual exigido pelo ambiente.

PERGUNTA: — Poderíamos conhecer detalhes desse padrão espiritual exigido pela metrópole do Grande Coração aos encarnados brasileiros?

ATANAGILDO: — Os candidatos à vida em nossa metrópole são os que comprovam, quando encarnados, a posse das virtudes que marcam o padrão de nossa vida astral, tais como grande devotamento ao estudo da espiritualidade, desapego às formas ilusórias da matéria e libertação completa dos exclusivismos religiosos e doutrinários. O que mais dificulta o livre ingresso na metrópole do Grande Coração é o espírito de seita divisionária, que ainda é motivo de grande desentendimento e separação entre os homens.

PERGUNTA: — Do que nos dizeis, deduzimos que a metrópole do Grande Coração é também uma coletividade com característica racial, pois só atende aos brasileiros desencarnados...

ATANAGILDO: — É razoável que vos surpreendais com esse aparente "nacionalismo" de nossa comunidade astral, porquanto até os brasileiros que desencarnarem em outros países também são encaminhados para as colônias astrais que circundam o Brasil. Mas isso acontece, não por questão de nacionalismo, porém obedecendo a planos organizados muito antes de suas encarnações no vosso país e porque se trata de espíritos já filiados à nossa metrópole, cuja proteção e educação na Crosta ficaram a cargo de nossos departamentos astrais. Assim também quando espíritos provindos de outras raças tenham, por determinação superior, de fazer estágio em nossa metrópole, a fim de nascerem no Brasil, também ficam sob a dependência desta, uma vez que ela é a responsável pelos programas e aprendizados espirituais na zona brasileira de sua jurisdição espiritual.

Quer esses espíritos desencarnem no Brasil ou em qualquer outro país onde tenham ido residir ou visitar, são encaminhados para a nossa comunidade, desde que apresentem condições vibratórias favoráveis ao ambiente a que são filiados.

PERGUNTA: — Acreditávamos até agora que a separação de raças e os nacionalismos pátrios eram exclusividade da Terra!

ATANAGILDO: — Aqui não se cultua nenhum nacionalismo pátrio, no sentido de separação de raças a que pertenceram os espíritos desencarnantes; isso é secundário, pois os nossos atuais conhecimentos são mais que suficientes para reconhecermos que os países, na Terra, nada mais significam do que agrupamentos de almas criadas pelo mesmo Deus e destinadas à mesma ventura espiritual. A situação racial é coisa provisória e de somenos importância para a eternidade da alma, quer ela se encontre no mundo físico ou em nosso Plano Astral. Os agrupamentos raciais são precisos em vosso mundo porque, de início, auxiliam a educação e o progresso dos espíritos ainda imaturos de consciência, que são favorecidos com as preliminares do conhecimento, graças à formação de grupos simpáticos e à facilidade de relações, pelo intercâmbio natural entre os mesmos costumes e tradições pátrias.

Muito pior seria o caso, se esse espírito, conservador ou defensivo, fosse mantido exclusivamente no seio de cada família, entre a parentela consanguínea, como já aconteceu no passado, quando os mais sangrentos conflitos se geravam entre as tribos originárias da mesma região pátria.

PERGUNTA: — Não seria mais prático que o espírito fizesse sua ascensão espiritual no seio sempre de uma só raça, o que talvez pudesse apressar os seus conhecimentos, pela familiaridade constante no meio em que voltasse a reencarnar?

ATANAGILDO: — Em cada país existem fatores tradicionais e clima psicológico diferente, que muito auxiliam os espíritos, em suas várias encarnações, a desenvolverem certas qualidades, que depois modelam, pouco a pouco, a configuração de sua consciência no Tempo e no Espaço. Como singelo exemplo, lembro-vos que, enquanto o clima festivo e iluminado da Itália favorece a inclinação das criaturas para o canto ou a música, em alguns outros países europeus — cuja atmosfera é melancólica e a sua natureza se mostra severa — se desenvolve melhor o espírito científico da pesquisa e da organização. Enquanto o ambiente tumultuoso e fatigantemente objetivo, do Ocidente, leva os seus habitantes à neurose pelo excessivo dinamismo psíquico, em certas regiões do Oriente a encarnação significa a dádiva da "pausa mística", que permite à alma cansada prosseguir no seu aprendizado espiritual, sob o conforto do repouso contemplativo.

Assim, embora as colônias astrais que se encontram mais próximas da Crosta coordenem suas atividades de modo aparentemente racial, não é este o seu objetivo fundamental e nem o fazem por questões de nacionalismos ou separação, mas apenas para o melhor supervisionamento e administração dos seus filiados, que se congregam em um povo ou país terreno.

PERGUNTA: — Ao se encarnarem, esses espíritos interrompem alguma tarefa em suas colônias astrais para depois reassumi-la quando de volta da matéria?

ATANAGILDO: — Algumas tarefas começadas nas metrópoles astrais podem ficar temporariamente interrompidas, quando os seus responsáveis precisam se reencarnar para saldar os seus débitos passados com a Terra.

Mas é certo que, após a desencarnação, por mais distantes que se encontrem, esses espíritos devem retornar à sua moradia astral, onde tanto podem ter deixado tarefas pessoais a terminar como podem encontrar facilidades para prestar socorro e assistência aos seus descendentes e familiares ainda encarnados.

Estes serviços são comuns em todas as coletividades espirituais que se situam sobre cada país ou povo terráqueo e que aceitaram a responsabilidade de assistir e proteger os "nascidos" e "falecidos" na região ou território de sua jurisdição.

PERGUNTA: — Supúnhamos que o fato dessas cidades astrais serem habitadas exclusivamente por espíritos provindos de uma só raça terrena poderia estimular entre eles um novo senso pátrio ou nacionalismo separatista, embora de uma ordem espiritual mais elevada.

ATANAGILDO: — Esse acontecimento só seria possível no clima psíquico das regiões inferiores, onde ainda dominam o egoísmo feroz e o orgulho insano. O espírito que merece habitar a nossa metrópole é sempre escolhido por suas elevadas qualidades espirituais e não pela sua nacionalidade. Mesmo no orbe terráqueo e no seio das raças mais egocêntricas, podereis encontrar homens completamente desapegados do fanatismo pátrio, havendo muitos, entre eles, que ainda trabalham energicamente pela confraternização de todos os povos e de todas as raças. Atualmente já se agasalha na Terra a idéia do "cidadão do mundo" e fundam-se "fraternidades", num trabalho quase de equipe, em que se procura a fusão de todas as nações num só todo regido por um governo de Paz e Justiça.

O homem que já se libertou do círculo de ferro das reivindicações de direitos de raça e pátria, pouco se importa que o situem nesta ou naquela comunidade astral, pois é imune a essa paixão doentia, que ainda divide tanto os homens terrenos e os conduz ao massacre inglório, nas guerras fratricidas.

PERGUNTA: — Refletindo sobre a existência desses agrupamentos astrais, constituídos por espíritos provindos de um mesmo país (como no caso da metrópole do Grande Coração formando um agrupamento de brasileiros), lembramo-nos de que, sendo assim, em planos mais elevados devem existir outras comunidades superiores, responsáveis pela administração e o progresso das cidades de desencarnados situadas abaixo. Estamos certos?

ATANAGILDO: — À medida que os espíritos se elevam para regiões mais "puras" ou mais "altas", como melhor quiserdes conceituá-las, é óbvio que ingressam em coletividades de maior responsabilidade administrativa do planeta terráqueo; a sua supervisão abrange países inteiros, raças e mesmo continentes. Assim, na mesma faixa vibratória do Astral em que se situa a metrópole do Grande Coração, também vivem outras comunidades astrais, com igual responsabilidade, mas controlando certas zonas geográficas de países europeus, africanos, asiáticos e americanos.

Igualmente, acima ainda dessa região superior, encontram-se as "nações astrais" de cada raça ou povo terreno, governadas por espíritos responsáveis pela coesão e progresso das cinco principais raças que povoam os cinco continentes mais notáveis da Terra. Explicam-nos os espíritos sábios que a esfera "mais alta" ou "mais íntima", de todo o Astral terráqueo, já é tão quintessenciada ou tão sutil, que se desvanece como franja luminosa em torno do globo terrestre e a sua aura alcança mais da metade da distância entre o vosso planeta e a Lua. Através da essência dessa alta região Astral, que mais se assemelha a eterizada cabeleira de luz em torno da Terra, também se processa a intercomunicação com as esferas astrais dos demais planetas do sistema solar. Justamente nessa última esfera tão quintessenciada é que opera a comunidade angélica diretora do planeta Terra, onde se encontra sediado o sublime reino do Magnânimo Jesus.

PERGUNTA: — Já que é essa a organização administrativa do Astral, pensamos que a nossa pátria deve também ser administrada por uma comunidade especial. Que nos dizeis?

ATANAGILDO: — Enquanto na metrópole do Grande Coração alguns milhares de almas, de índole universalista, auxiliam o desenvolvimento artístico, a reforma dos costumes e as atividades de determinada zona geográfica brasileira, a nossa cidade é também administrada por outra comunidade astral, mais elevada e mais vasta que, se o quiserdes, podereis denominar também de "Brasil". Esta, por sua vez, está sob a jurisdição do continente astral "Sul-Americano" e assim sucessivamente até se findar a hierarquia responsável por todo o planeta Terra. Conforme fui informado pela direção de nossa metrópole, além da Esfera Astral onde se situa o governo de Jesus acha-se a administração espiritual que é responsável pela vida e o progresso do nosso sistema solar.

PERGUNTA: — Quais são os tipos de espíritos que podem habitar essa comunidade mais alta, que denominaremos então de "Nação Astral do Brasil"?

ATANAGILDO:— Apesar dessa aparência de nacionalismo ou racismo que atribuís à nossa metrópole espiritual, o que realmente confere ao espírito o direito de habitá-la é sempre o seu tom vibratório sideral e não a raça ou nacionalidade terrena a que pertença. Abaixo de nossa metrópole, em planos inferiores ao dela, encontram-se outras colônias e agrupamentos de espíritos também brasileiros, cujo padrão espiritual, entretanto, é mais baixo porque vivem seriamente preocupados com o tradicionalismo de raça e diferenças emotivas de pátria. Por isso, é de lamentar que entre os próprios brasileiros encarnados ainda se criem novas subdivisões de ordem política, econômica, religiosa e social. Durante os períodos de grandes transformações políticas, eleições para cargos legislativos, nomeações administrativas ou substituição de governos, acirram-se então os ódios entre filhos do mesmo Brasil e assacam-se mútuas infâmias, grassando de modo assustador a cobiça pelas situações fáceis ou privilégios públicos. No campo religioso, outra classe de brasileiros também se hostiliza, pelas naturais divergências em matéria de crenças e doutrinas; jornalistas espíritas e católicos, sacerdotes e doutrinadores, atacam seus irmãos que divergem de seus pontos de vista ou de suas crenças, usando os púlpitos ou as tribunas, ou criando para isso revistas, jornais e panfletos infelizes. Mesmo durante algumas tradicionais confraternizações desportivas, ainda sobe o ódio aos corações dos brasileiros, ocasião em que criaturas ignorantes se insultam e se agridem publicamente, pelas preferências por esta ou aquela de suas agremiações prediletas.

É claro, pois, que tais brasileiros, ao desencarnarem, não estarão em condições de alcançar a metrópole do Grande Coração e muito menos a "Nação Astral do Brasil", para cuja conquista não fazem jus, uma vez que não conseguem se acomodar nem mesmo no seu próprio território pátrio. Ali não se admitem espíritos que trabalham isolados e cercados pelos seus exclusivos interesses, egoísmos e cobiças, estranhos ao Bem comum, quais quistos que apenas vicejam na sociedade. Os encarnados que, quer no Brasil, na França, China, no Egito ou na Groenlândia, ainda se prendem fanaticamente aos seus interesses partidaristas, credos exclusivistas ou regimes à parte, alimentando separações e formando grupos adversos — não se opõe dúvida! — tanto contrariam a harmonia do todo nacional como contrariarão a dos mundos superiores.

PERGUNTA: — Porventura será condenável que cultivemos certas simpatias ou preferências pessoais em nossas relações humanas, quer nas lides políticas, quer em nossos juízos sobre os nossos semelhantes?

ATANAGILDO: — Onde existem preferências pessoais há conflito do todo, pois, quando grupos de indivíduos se digladiam e entram em competição pelas simpatias preferências ou interesses políticos particulares — mesmo que se julgue isso como um direito humano, de pensar e agir — não resta dúvida de que está mantendo a separação! Os espíritos que desencarnam em conflito ainda com a sua própria pátria podem não merecer censuras pelas suas simpatias ou preferências pessoais, mas é evidente que ainda não merecem habitar comunidades espirituais onde já se extinguiram os conflitos de raças, quanto mais os de pátria! De acordo com a "lei dos semelhantes", eles serão imediatamente atraídos para os grupos de espíritos que vibram nas mesmas disposições egocêntricas e separatistas. Aqui no Além não faltam grupelhos de brasileiros "separados" e compatriotas viciados nas discussões estéreis, devotados à cupidez e à politicagem.

Muitos deles, que abusaram do admirável dom da palavra, desperdiçando-a no excesso de promessas não cumpridas e discussões infecundas, quando puderem se reencarnar novamente terão que fazê-lo mudos, ficando assim impedidos de conturbar a coletividade nacional que tanto ludibriaram.

PERGUNTA: — Com essas considerações, quereis dizer que só os grandes brasileiros é que poderão habitar a alta comunidade espiritual do "Brasil"; não é assim?

ATANAGILDO: — A colônia Astral, ou a comunidade responsável por toda a vida física e espiritual no Brasil, não é habitada exclusivamente por "grandes brasileiros", se os classificais assim unicamente no sentido de exaltar o seu alto prestígio público. Ali se encontram brasileiros que, num serviço de renúncia pessoal, muito deram de si em favor da Paz e do Bem coletivo de sua pátria. Eles não foram prepotentes políticos, nem alimentaram separações religiosas; quando chamados à administração pública, não se locupletaram com os bens da Nação, para o gozo e o luxo de sua tribo familiar e dos amigos privilegiados. Foram honestos, pacíficos e cooperadores de todas as instituições assistenciais, insuflando vida e ânimo a todo serviço que beneficiasse a comunidade; esqueceram os seus próprios interesses a favor de seu país, e muitos deles atravessaram a vida humana sob o mais severo anonimato.

A esses cabe o direito de supervisionarem e até corrigirem certos brasileiros astutos e interesseiros, tais como os políticos venais, que se locupletam com o patrimônio alheio, e certos sacerdotes furibundos que esbravejam dentro dos seus templos ou por meio de publicações, procurando separar os cidadãos com o ódio pregado em nome de Deus. Esses grandes brasileiros, a que me refiro, consideram os seus compatriotas encarnados como um todo eletivo e acima dos seus caprichos, interesses ou opiniões pessoais. Eles podem participar da grande comunidade astral que dirige o Brasil, porque esta não diferencia indivíduos, classes ou posições políticas, mas só admite em seu seio os cidadãos brasileiros que, ao partirem da Terra, já conduzam na alma a insígnia de "cidadão do mundo".

Interessa-lhe abrigar homens libertos de doutrinas filosóficas separatistas, sem interesse de proselitismos religiosos e distanciados da astúcia política, imunes à corrupção administrativa e que, em lugar das noções rígidas de pátria ou de raça, possuem em seus corações as qualidades fraternas do cidadão que reconhece o seu país como um pedaço do próprio Universo.

PERGUNTA: — Quer isso dizer que a moradia nas comunidades situadas além da Nação Astral "Brasil" também exige um padrão de sentimentos que ultrapasse as fronteiras efetivas do sentimento pátrio; não é assim?

ATANAGILDO: — Evidentemente, os espíritos que já residem nas comunidades astrais sul-americana, européia, norte-americana, asiática e africana também são entidades cujo afeto e entendimento se estendem além das fronteiras convencionais de pátrias, para abranger o conteúdo afetivo de um continente. Simpatizam-se com todos os povos e raças, e a sua capacidade de amor é tão profunda, que não possuem mais noções de nacionalidade. Quando eles se encarnam na Terra, ou mesmo em outros orbes físicos, o sentido de pátria se lhes parece um acidente sem importância, porquanto sempre exerceram a sua atividade em obras de natureza e objetivos universalistas. No seu afeto, abragem toda a coletividade humana do globo terráqueo, assim como são completamente libertos de credos, doutrinas ou filosofias, além de fortemente inspirados pelo amor de Jesus, que é o Governador Espiritual do orbe e se acha sediado na mais elevada Esfera Astral.

PERGUNTA: — Por que motivo não reconhecemos, na Terra, essa unidade espiritual ou unificação universal de todos os seres, o que muito nos ajudaria a extinguir as nossas noções separativistas de pátria e de raças humanas?

ATANAGILDO: — Essa unidade espiritual é tão notável na sua ação de aproximar as criaturas, que mesmo na Terra ela se faz sentir apesar da separatividade causada pelos princípios políticos, religiosos, sociais ou filosóficos. Notai que, diante do perigo da guerra ou de uma catástrofe que ameaça a coletividade separada por essas tolas preferências e caprichos antogônicos, unem-se amigos e adversários, suspendendo-se hostilidades particulares, a fim de que seja conseguida a força protetora do ambiente. Supondo que a Terra esteja ameaçada de invasão por forças belicosas de um outro planeta, que acontecerá? Sem dúvida, pretos, brancos, vermelhos e amarelos, católicos, espíritas, protestantes e muçulmanos, homens de qualquer latitude geográfica e teimosia política, religiosa ou doutrinária, unir-se-ão, apressadamente, a fim de formar o potencial defensivo do vosso planeta. É o sentido de unificação, que desperta!

PERGUNTA: — Não poderíamos supor que, no caso dessa união de adversários para oporem defensiva contra tal invasão interplanetária, tudo seria devido mais ao interesse e à angústia de sobrevivência do que à compreensão da unidade espiritual?

ATANAGILDO: — Assim mesmo, ficaria comprovado que há em nossa intimidade um "elo divino", indestrutível e permanente, capaz de extinguir situações de vaidade, orgulho, utilitarismo e desconfiança entre os homens e irmaná-los num só objetivo comum. Não importa se o fizeram por interesse ou instinto de conservação; o que interessa é saber que a unidade espiritual interior nivela todas as personalidades egocêntricas e divididas pelos mais contraditórios motivos, para se afirmar existente no âmago de todas as criaturas.

PERGUNTA: — Um espírito que desencarnar na França, depois na Itália, na Índia ou na Colômbia, porventura não retornará às colônias astrais respectivas, apegado sempre ao seu nacionalismo pátrio? Não representaria isto um círculo vicioso, em que se muda de ambiente, mas nunca se extingue o sentimento racista? Como se abranda esse senso de nacionalidade terrena?

ATANAGILDO: — O sentimento de amor à pátria muda a cada nova reencarnação, à medida que o espírito muda de raça ou de país e, por isso, se registram acontecimentos até engraçados entre vós. Quantos alemães odeiam a França, mal sabendo que na última encarnação foram franceses que odiavam a Alemanha! Ou então, quantos homens brancos, da América do Norte, odeiam os negros, ignorando que no passado faziam parte da mesma raça que ora perseguem! Em verdade, tudo não passa de uma tola transferência de ódio de um lugar para outro, por parte do espírito e não da raça ou país. Essas almas, depois da morte do corpo físico, sofrem as mais pavorosas dores e remorsos, envergonhadas de si mesmas, ao se lembrarem de seu ódio racial.

O mesmo pode acontecer com as almas exageradamente patriotas, quando regressam de uma existência terrena fanatizadas pela última pátria em que reencarnaram. Mas a força do espírito imortal opera no seu interior, pois, de tanto mudarem de trajes carnais, vestindo a roupagem do judeu, do polonês, do egípcio, do peruano, alemão, brasileiro ou groenlandês, essas almas terminam incorporando em si mesmas um pouco de cada raça e compondo uma simpática dosagem de fraternidade, já a caminho de se tornarem "cidadãos do mundo". E, como terão de se submeter também às regras das comunidades astrais em que estagiam, entre cada encarnação terrena, enfraquecem-se as suas tradições nacionalistas e o orgulho de raça do mundo terráqueo.

E, se assim não fora, resultaria que os desencarnados prosseguiriam aqui em seus conflitos emotivos de raça e de pátria, e certamente teríamos de enfrentar também os terríveis problemas das guerras, lutas e revoluções fratricidas com outros agrupamentos da nossa mesma morada espiritual.

PERGUNTA: — Poderíeis nos dar um exemplo para compreendermos melhor esse espírito de nacionalidade que cultuamos na Terra, para com o qual somos indiferentes no Além?

ATANAGILDO: — Podeis ter uma idéia do que acontece nas coletividades astrais, onde se unem espíritos provindos de várias nações para exercer um trabalho em comum, se vos lembrardes do que acontece na Terra quando diversos indivíduos se congregam para conseguir um mesmo objetivo, sem no entanto se perturbarem pelas diferenças sociais, hierárquicas ou profissionais.

Basta-lhes que se irmanem por um princípio, uma doutrina ou objetivo filantrópico, para se efetuar a desejada confraternização entre todos. Se quereis um exemplo, lembro-vos o que ocorre no espiritismo: médicos, pedreiros, professores, barbeiros, generais, praças, mulheres, moços, velhos, ricos, pobres, sábios e analfabetos não se congregam para prestar um mesmo serviço desinteressado, para o benefício coletivo? É evidente que existe entre eles um elo indisfarçável que os une fraternalmente, assim como o cimento une as pedras do alicerce. No exemplo que vos dei, o devotamento de todos à doutrina espírita transforma esta num denominador comum que derruba os paredões do personalismo humano e afasta os interesses pessoais para que surjam um só bloco humano unido pelo mesmo ideal.

As colônias e metrópoles astrais que se interessam por objetivos superiores, embora possam ser constituídas por almas ainda influenciadas pelas tradições de pátria e de raça terrena, harmonizam-se permanentemente para o serviço do Bem e a procura da Felicidade. Sob tal aspecto, o nacionalismo cultuado na Terra torna-se um sentimento sem importância no Além, porque os interesses espirituais, que em definitivo ligam todos os espíritos à sua comunidade, sobrepujam em importância os conceitos antiquados de pátria terrena. É óbvio, pois, que um hindu, um brasileiro, um russo, um árabe ou um africano que possua as credenciais de bondade e tolerância, só por isso vale muito mais, na hierarquia espiritual superior, do que mesmo pela sua capacidade intelectual ou prestígio de que gozava no país onde desencarnou.

PERGUNTA: — Uma vez que na última encarnação fostes brasileiro e agora vos encontrais ainda numa metrópole habitada principalmente por brasileiros, não servirá isso de incentivo para que ainda mantenhais viva a vossa última nacionalidade?

ATANAGILDO: — Acredito que não, por uma razão muito simples: quando eu estava encarnado no Brasil, já cultuava sentimentos universalistas, pois, em virtude de meus estudos e meditações espirituais, já estava capacitado de que viver na Terra nada mais era do que um acidente na vida do espírito, sem força para prejudicar a sua identidade universal. A Terra significava para mim admirável alfaiataria, com o grave encargo de atender às encomendas de trajes carnais, que lhe faziam os espíritos necessitados de excursionar pela matéria. Não me interessava discutir os motivos dessas encarnações nesse ou em outro país, se bem me parecesse que alguns espíritos baixavam por mero turismo à paisagem física e outros atendiam à necessidade urgente de cura purgatorial, lavando-se no tanque das lágrimas e enxugando-se com a toalha do sofrimento.

Detrás de todas as fisionomias, tipos carnais e personalidades humanas, eu sempre identificava o espírito imortal dentro do seu vestuário de ossos, nervos e músculos. Para mim, ele era sempre um companheiro eterno que, pela janela carnal, viera participar das tricas do mundo terreno. Não me preocupava em inventariar as raças de acordo com seus costumes e tradições; também não emprestava maior valor às criaturas oriundas de nações privilegiadas, assim como não subestimava aqueles que provinham de raças "inferiores". Considerava a todos como espíritos que tentavam encontrar a mesma ventura que eu também me propusera encontrar. Uma grande tolerância se me fazia sentir mesmo para com aqueles que ainda se deixavam dominar pela avareza, a cupidez, o ciúme e a inveja, ou então se afligiam pela posse dos ouropéis e privilégios dum mundo transitório. Achava-os, por vezes, iguais às crianças que brigam por causa de um brinquedo ou se angustiam pela posse de um cavalinho de pau...

Mesmo diante do procedimento de Anastácio, que fora o meu credor hostil do passado, esforcei-me para não ser dominado pela expressão dramática e humilhante do acontecimento; via-o, às vezes, afastar-se de mim, após ter-me afrontado publicamente e dado vazão ao seu ódio para comigo, mas meu coração, num ar de censura travessa, dizia-me que eu devia reconhecer naquele homem não um adversário indesejável, mas um irmão em espírito, com a estultice de pisar sobre a sua própria felicidade.

PERGUNTA: — Isso quer dizer, então, que o vosso ingresso na comunidade do Grande Coração dependeu muito do modo como encaráveis as raças e nacionalidades terrenas; não é assim?

ATANAGILDO: — Sempre considerei a Terra como um vasto lar, onde o habitante de cada país significava um parente próximo, mantido por um mesmo orçamento do Criador, e por motivo queria bem a todas as criaturas que ela abrigava. As pátrias, as famílias e os lares de todos os homens, eu os considerava como um prolongamento do meu próprio lar, como se eu vivesse ao mesmo tempo em vários climas sentimentais, compartilhando dos sonhos de todas as raças.

Há de chegar o tempo em que essa grande família espiritual terrena, cujos membros se encontram dispersos pelos vários climas geográficos do planeta, se congregará num só núcleo de trabalho e alegria, para então usufruir a Paz imortal, que vive à distância dos condenáveis sentimentos muito comuns entre os homens separativistas. Esse sentimento de fraternidade que eu mantinha para com todos os seres, sem lhes diferenciar as raças ou condições sociais e morais, tornou-se ainda mais desenvolvido aqui no Mundo Astral, e agora me é dado verificar, sem qualquer equívoco, que eu agira absolutamente certo ao manter aquela minha atitude incondicional de afeto, que é a base fundamental para o ingresso de espíritos na metrópole do Grande Coração.

PERGUNTA: — Não vos sentis, por vezes, dominado por

certa nostalgia ao evocardes a vossa vida no Brasil, tal como acontece aos estrangeiros que são obrigados a se transferir para aqui, quando evocam o cenário, costumes e tradições da pátria distante?

ATANAGILDO: — Se eu fosse tomado de nostalgia pelo fato de haver vivido no Brasil, muito maior nostalgia me perturbaria ao evocar a vida que passei em outros países onde me reencarnei maior número de vezes. Nesse caso, muito antes de evocar a vida no Brasil e tornar-me de nostalgia por isso, evocaria a cidadania de Marte, que é o planeta de origem de minha consciência individual e do qual fui exilado para a Terra. E se eu me preocupasse em evocar a pátria em que viveu o meu espírito, então, antes de pensar no Brasil, deveria lembrar a Atlântida, o Egito, a Arábia, a Hebréia, e principalmente a Grécia ou a Índia, onde o meu espírito se demorou mais tempo encarnado. Eis a grande ilusão dos homens terrenos que, mal informados pelos seus sacerdotes, instrutores religiosos, filósofos puramente intelectivos, restringem a sua felicidade presente e futura na tentativa tola de traçar fronteiras sobre o solo de um mundo provisório, buscando separarem-se pela diferença acidental de cor, raça, pátria e religião.

Na intimidade de minha alma, bastante fortalecida pela convivência com todas as raças, tanto vibra a paixão do atlante, como vibram a vontade do egípcio faraônico, a força indomável do árabe nômade, o misticismo do hindu contemplativo, a cautela do hebreu desconfiado ou a irreverência do grego atilado! E, por certo, também já palpita em mim algo da índole inquieta e brejeira dos brasileiros, entre os quais sofri o caldeamento psicológico de minha última encarnação aí na Terra.

PERGUNTA: — Na metrópole do Grande Coração, só podem ingressar espíritos provindos exclusivamente do Brasil?

ATANAGILDO: — Não estamos sitiados por fronteiras raciais ou segregamentos nacionalistas, peculiares aos países terrenos, e sim agrupados pela sintonia de certas qualidades espirituais, embora existam algumas diferenças pessoais ou intelectuais entre os seus componentes. O ingresso de desencarnados em nossa moradia astral não depende de que sejam propriamente brasileiros, mas sim de já serem filiados à mesma e possuírem o tom vibratório sideral exigido pelo ambiente ou, então, de determinação do Alto, quando se trata de estágio de aclimatação, para futuras encarnações no Brasil.

É certo que a metrópole do Grande Coração exerce suas atividades exclusivamente em relação a espíritos encarnados no Brasil e, por esse motivo, necessita cultivar certos costumes brasileiros para melhor êxito na acomodação emotiva de seus habitantes e ficar favorecido o intercâmbio espiritual com eles, pela afinidade de pátria.

PERGUNTA: — Por que motivo a metrópole do Grande Coração não estende a sua jurisdição a outros povos, do que poderia resultar uma compreensão espiritual melhor, em virtude da maior aproximação de raças?

ATANAGILDO: — Os mentores da metrópole do Grande Coração não podem estender a sua área de trabalho e proteção a maior número de almas que o das que já estão classificadas na previsão feita em sua comunidade; para isso, precisariam criar e educar novas equipes de trabalhadores destinados a tarefas sacrificiais junto à Terra e às regiões do Astral inferior, e assim tornariam a tarefa assistencial e educativa tão vultosa e exaustiva, para o seu conjunto atual, que em breve imperaria nele a desorganização, pela insuficiência técnica do serviço e a impossibilidade de renovação panorâmica e educativa da metrópole. Eis o motivo de suas atividades serem circunscritas aos brasileiros que desencarnam em progressista região do vosso país.

Colônias do Astral - Migrações

PERGUNTA: — A transmigração de espíritos de uma comunidade astral para outra pode ser feita sem prejuízo da unidade afetiva das colônias para as quais forem transferidos?

ATANAGILDO: — Um espírito que haja desencarnado na Europa e tenha de se reencarnar no Brasil, na região supervisionada pela nossa metrópole, muito lucrará com um estágio preparatório em nosso ambiente astral, desde que apresente o padrão vibratório espiritual exigido. Em sentido inverso, para o espírito de brasileiro que futuramente tenha de se encarnar na Europa, também haverá muita conveniência em que se submeta a um preparo na comunidade astral que dirige o país em que deverá renascer, a fim de melhor se ajustar às energias psíquicas do seu novo clima geográfico.

Essa salutar providência ajuda o futuro reencarnante a conhecer melhor os seus ascendentes biológicos e na integração aos costumes e temperamentos do povo que lhe servirá de compatriota físico. É de senso comum que cada raça revela um condicionamento psicológico e um temperamento especial, desenvolvidos no passado.

Notai que o alemão é de índole marcadamente científica, o francês mais afeito ao estudo especulativo da filosofia, os italianos profundamente ligados à arte lírica e o hindu essencialmente contemplativo. Essas características, que são produtos de experimentações milenárias e do magnetismo peculiar a cada ambiente, quando podem ser estudadas antecipadamente pelos futuros reencarnantes reduzem bastante as prováveis e futuras perturbações psíquicas, que em alguns espíritos se traduzem pela misantropia, desencanto, melancolia e indiferença, assim como no saudosismo inexplicável quando certas almas se sentem completamente estranhas ao meio em que se encarnam pela primeira vez.

PERGUNTA: — Podemos supor que possam ocorrer verdadeiras inadaptações nessas encarnações migratórias de uma raça para outra, a ponto de se enquadrarem no rol das enfermidades psíquicas?

ATANAGILDO: — Alguns complexos freudianos têm suas origens nessas "inadaptações" por parte de espíritos que mudam para ambiente psíquico oposto à sua índole e condicionamento milenário. Não seria preciso vos recordar quão diferentes são o clima geográfico e o meio psicológico em que vive o hindu místico, se os comparardes aos de determinadas metrópoles ocidentais, com o ar saturado de combustível malcheiroso dos veículos e repletas de mil vicissitudes cotidianas, que torturam os homens e os tornam neuróticos, aflitos e turbulentos. A alma introspectiva, habituada à singela e tranquila filosofia da Natureza, sente-se profundamente aturdida ao se encarnar no seio da vida tumultuosa e excessivamente mecanizada, que lhe exige toda espécie de fórmulas e regulamentos draconianos e a envolvem num círculo de atividades onde só predominam os interesses materiais e se descuida da glória do espírito imortal.

PERGUNTA: — Por meio da experiência humana, temos verificado que a maioria dos imigrantes que atravessam o oceano e vêm residir em nosso país não só consegue se adaptar imediatamente ao meio brasileiro, como em breve se funde à comunidade que antes lhe era completamente estranha! Porventura, existe mais dificuldade quando se trata de migração espiritual?

ATANAGILDO: — Convém que não generalizeis tudo aquilo que vos exponho, pois a Lei, sem qualquer exceção à regra, só existe essencialmente no Todo, que é Deus! É mais fácil vos adaptardes a um meio inóspito ou estranho quando estais encarnado, porque os vossos principais meios de subsistência se resumem no pão, na veste, no abrigo. Resta apenas solucionar o problema sentimental, porque o saudosismo da pátria pode dificultar o completo reajustamento ao novo ambiente. Mas o grau desse sentimento nacionalista depende de vossa natureza espiritual, mais ou menos exclusivista, pois a alma de pendores universalistas e devota à fraternidade humana muito cedo se integra aos costumes das pátrias estranhas.

A migração física de um país para outro sempre oferece melhores probabilidades de adaptação aos encarnados, quer pela certa semelhança entre os costumes e objetivos humanos, que são comuns entre todos os povos, quer porque o imigrado se reúne a outras almas compatriotas, que ainda cultuam determinadas tradições pátrias, que lhe aliviam a saudade da pátria distante. No entanto, o espírito, quando se encarna e muda de ambiente geográfico e de linhagem carnal, com que se acostumara, enfrenta o grave problema de se adaptar a um povo físico, que pode ser de ascendentes e tradições bio-psíquicas bem opostas à sua costumeira índole espiritual. Embora ele conduza consigo a sua bagagem psíquica milenária, há de enfrentar um novo campo de forças específicas, com que ainda não está essencialmente habituado, assemelhando-se ao peixe que encontra sérias dificuldades quando é retirado do lago tranquilo e lançado ao leito do rio tumultuoso.

PERGUNTA: — Poderíeis nos dar algum exemplo para melhor refletirmos sobre tais diferenças de natureza reencarnatória?

ATANAGILDO: — Um espírito que, por ter cultuado muitas existências místicas, seja fundamentalmente contemplativo, sempre há de encontrar dificuldades de adaptação e ajuste a qualquer organismo que descenda de linhagem carnal turbulenta e natural de um clima psíquico e dinâmico como o do Ocidente. Conquanto o perispírito — que sobrevive sempre a cada encarnação — seja a sede do psiquismo, enquanto cada corpo é um aglutinado de moléculas submetidas a um princípio diretor, o encarnante terá que se sobrepor à atmosfera hereditária e ao psiquismo dos novos ancestrais, a que se submete. Essa atmosfera psíquica, que provém de continuidade secular de toda linhagem humana, apresenta fortes diferenças de uma família para outra, assim como há profunda diferença entre o ambiente psíquico de uma igreja e o de um prostíbulo.

Na minha opinião particular, a linhagem carnal de cada família exala um "odor psíquico" particular, assim como, depois de retirado um frasco de perfume de uma sala, ainda ficam ali as emanações do mesmo, ou quando cessado o fogo da fornalha, ainda permanece ativo o calor do ambiente. A minha própria experiência revestiu-se de significativa dificuldade, quando me desliguei definitivamente das romagens reencarnatórias do Oriente para renascer nos organismos de carne do Ocidente.

No primeiro caso, o clima oriental concorria para me predispor a alma à procura de minha identidade eterna espiritual, num permanente influxo à minha sensibilidade intuitiva; no segundo, a atmosfera ocidental, sobrecarregada de exagerado cientificismo objetivo e desconfiada das coisas do espírito, além do mórbido sectarismo dos núcleos religiosos conservadores, impunha-me um campo de magnetismo opressivo e me fazia retrair a expansividade natural do passado.

PERGUNTA: — De onde provêm o constante aumento da população da Terra?

ATANAGILDO: — Em torno da Terra, no Plano Astral, ainda existe elevado número de espíritos candidatos à reencarnacão e que povoariam satisfatóriamente todo o globo terráqueo. À medida que se forem gerando novos corpos, eles também irão se ajustando às providências de seu renascimento. Acresce, também, que no Espaço se processa a migração de espíritos de um agrupamento astral para outro, assim como incessante intercâmbio entre as comunidades desencarnadas de outros planetas.

Muitos espíritos que desencarnam na Terra emigram para outros mundos, enquanto novos contingentes de almas provindas de outros orbes também se encaminham para a reencarnação no globo terrestre. A fim de se evitar a sobrecarga asfixiante e a saturação de espíritos rebeldes, que dificultam nos mundos a ascensão moral dos bem intencionados, ocorrem então as chamadas fases de "Juízos finais", quando nos planetas de imaturidade espiritual, como a Terra, certas catástrofes reduzem a carga de encarnados, fazendo emigrar os perturbadores para os mundos inferiores, onde terão de reiniciar a curso evolutivo, por meio de novos sofrimentos disciplinadores.

Colônias do Astral – Sua influência sobre o progresso

PERGUNTA: — Qual seria um exemplo de que o atual trabalho de vossa metrópole poderá modificar futuramente o padrão de nossa vida material, já que aí viveis sistemas adiantados e levais a cabo realizações mais avançadas do que as que mal se esboçam na Terra?

ATANAGILDO: — Acredito que, a exemplo do que já aconteceu na esfera da música, ser-vos-á demonstrado, mais uma vez, que no Mundo Astral podemos criar com bastante antecedência tudo aquilo que só muito tempo depois o vosso mundo "descobre" sob o veemente entusiasmo científico. Só há pouco tempo é que a ciência terrena reconheceu na música um recurso que tanto pode ser aplicado, com excelente êxito, na cura de certas enfermidades nervosas e mentais, assim como pode também se transformar em valioso estímulo para o trabalho. No entanto, desde o século XVIII essa terapia já era empregada nas cidades astrais situadas próximas da Terra, as quais se serviam da melodia para ativar as energias do perispírito, e como recurso sedativo sobre os desencarnados vítimas de conturbação do psiquismo.

Ao passo que só em meados do século XX os cientistas e educadores terrenos aceitavam "oficialmente" a influência da música na terapêutica humana, introduzindo-a lentamente nos seus estabelecimentos de trabalho, hospitais, instituições educativas e correcionais, a metrópole do Grande Coração já a usava, havia quase dois séculos, como auxílio corriqueiro para a cura de necessitados, em sua comunidade astral. E, assim, o que tem sucedido na esfera da música também se sucede noutros campos de atividade espiritual, em que as comunidades do mundo invisível já se utilizam, com muita antecedência, de conquistas científicas e artísticas que mal se esboçam na Terra.

PERGUNTA: — E, quando essas realizações antecipadas do Mundo Astral passam a ser conhecidas da humanidade terrena, nós também as aproveitamos com a mesma inteligência com que as aproveita o Mundo Astral?

ATANAGILDO: — Infelizmente, todas as mensagens e inspirações de ordem superior, transmitidas das comunidades astrais para a crosta, sofrem primeiramente o impacto do interesse, do sofisma ou da violência, ainda tão comuns ao cidadão terreno. A eletricidade, a pólvora, o avião, a energia atômica, enfim, todas as descobertas e invenções que "descem" do Além, para desafogar a vida humana, têm sido primeiramente utilizadas para fins destrutivos ou sob execrável espírito mercantilista. Só depois que os homens se mostram exaustos, decepcionados e maltratados pelo próprio abuso das realizacões que o Alto lhes inspira para fins pacíficos, é que então se devotam ao seu aproveitamento útil para finalidade construtiva.

Assim ocorrerá com a própria música, apesar dos excelentes resultados que ela já produz em aplicação benfeitora. O cidadão terreno, sempre sedento de ganho — é fora de dúvida — há de querer extrair o máximo de proveito pessoal na descoberta da "meloterapia", pouco lhe importando os sacrifícios ou os prejuízos que venham a sofrer outros seres menos aquinhoados pela inteligência.

PERGUNTA: — Poderíeis nos dar um exemplo bem objetivo desse espírito interesseiro do homem quanto àquilo que lhe inspiram do Espaço?

ATANAGILDO: — Cingindo-me ainda à esfera da música, exemplifico: logo que surgirem na Terra notícias científicas quanto à excelente influência da música na prosperidade da produção terrena, com excelente aproveitamento, principalmente no reino animal, os homens mais afoitos hão de organizar tabelas musicais utilitaristas, por meio das quais se possa intensificar o rendimento do leite nas vacas, o crescimento de lã nos carneiros ou o aumento da banha nos porcos. Sem dúvida, andarão à cata de ritmos e melodias que se ajustem a cada objetivo desejado. Acredito mesmo que muitos não tardarão em se servir do samba ou do frevo, bem brasileiros, para que as vacas produzam admirável manteiga durante a agitação do leite; enquanto isso, os gansos serão criados sob incessante audição da "Sinfonia Patética", de Tchaikovski, a fim de se tornarem melancólicos e hipocondríacos, com o fígado anormalmente desenvolvido para que melhor se possa preparar o famoso ***Pâté de foie gras***, enlatado, obtido graças a essa música tão mórbida e tão introspectiva...

Quanto às demais aplicações de sentido utilitarista, não deveis guardar mais dúvidas: inúmeros industriais, comerciantes e empreiteiros já não escondem o seu júbilo mercantilista afirmando que o efeito da música é notável, pois os homens produzem mais sob a influência das melodias psicologicamente ajustadas ao seu mister. Assim é que, muito breve, o gênio humano terá criado os seguintes e hábeis recursos inspirados na "meloterapia": os carteiros abreviarão a entrega da correspondência, graças ao incentivo de festivas marchas militares que lhes acompanharão os passos; as mulheres poderão tricotar velozmente, sob o ritmo sincopado dos "chorinhos" brasileiros; os componeses hão de superar a safra costumeira, espalhando as sementes de cereais controlados pelos movimentos alegres das valsas européias.

Depois de tanta utilidade encontrada na aplicação da música aos seus interesses, que importará ao homem a mensagem angélica da melodia, que influi na disposição afetiva da alma?

O templo do Grande Coração

PERGUNTA: — Em diversas comunicações mediúnicas, temos encontrado informações de que nas cidades astrais existem templos onde se consagra a Divindade. Porventura, em ambientes tão espiritualizados, como seja o da metrópole que nos descreveis, ainda se cogita de liturgias ou ofícios religiosos, em lugar do elevado entendimento espiritual que já deve predominar entre os seus habitantes?

ATANAGILDO: — Repito-vos: aqui ainda cultivamos o produto de nossas criações e condicionamentos na Terra, sem violentarmos o gradativo progresso espiritual, que só se efetua pela libertação lenta das formalidades dos mundos materiais. Embora em nossa esfera ainda se note a analogia com os costumes terrenos, isso já se manifesta de modo sublimado em sua substância, mais intimamente ligada ao santuário do nosso espírito. Na realidade, o nosso cenário, se o compararmos com o da Terra, mostra em sua harmonia "exterior" o exato equivalente de nossa aprimorada vontade "interior". O nosso ambiente astral resulta exatamente de nossa maior capacidade espiritual. Aqui no Além, vivemos o fruto de nossas idealizações terrenas, mas já em sentido sublimado, buscando apoio em expressões cada vez mais altas, que correspondem perfeitamente aos ideais superiores esposados na vida material. Daí o fato de os verdugos, os avaros, os egocêntricos ou os celerados situarem-se especificamente nas zonas abismais e nos pântanos fétidos do Astral inferior, pois a natureza repugnante do cenário em que se colocam também lhes afina a própria intimidade da alma subvertida. Enquanto isso acontece, outros espíritos mais evoluídos, ao se despirem do seu envoltório carnal, alçam vôo às esferas luminosas, à procura de luz, que significa o alimento apropriado à sua natureza angélica. Não vos deve ser estranha, portanto, a existência desses templos, que são verdadeiros "oásis" de luzes e bênçãos nas regiões do Astral renovado pelos pensamentos superiores. Em nossa metrópole do Grande Coração, o templo significa o envoltório emotivo do coração do próprio povo, que permanece em incessante atividade para a conquista do Supremo Bem Espiritual. A estrutura alabastrina desse templo, que se ergue como a mais bela configuração da cidade, significa a Fonte Imperecível que capta e absorve os raios de luz ofertados pelas regiões celestiais.

PERGUNTA: — Existe, porventura, semelhança entre esse templo e outros santuários edificados na Terra?

ATANAGILDO: — Embora eu esteja a repetir o que algumas vezes já tenho dito, é no "lado de cá" que realmente se planejam as formas, as edificações e demais atividades do mundo terreno, sempre em perfeita concordância com os espíritos superiores que operam no limiar do plano mental e da substância astral. A vossa pergunta sobre se há semelhança entre nossos edifícios ou templos e as mesmas construções no mundo físico, seria melhor formulada assim: "Há semelhança dos nossos edifícios e templos com as edificações originais da metrópole em que viveis?"

PERGUNTA: — O templo da vossa metrópole foi construído em alguma zona de fluidos superiores aos de outro local?

ATANAGILDO: — O magnífico santuário foi edificado exatamente no centro do gigantesco e formoso jardim já descrito anteriormente, e que forma o coração florido de nossa metrópole. Embora ele possa ser descrito à maneira das edificações religiosas terrenas, isto não quer dizer que se trate de construção absolutamente idêntica às formas e condições materiais. Mesmo que o queirais comparar à mais bela catedral da Terra, ainda assim não conseguireis formar a mais pálida idéia de sua munificente beleza e sublimidade.

Trata-se de formoso edifício recortado na substância de

nossa esfera, que lembra indescritível trabalho de ourivesaria, talhado em cristal puríssimo e luminoso, incrustado de filigranas e rendilhados, que formam admiráveis relevos no interior de suas paredes alabastrinas. Durante a noite, quando o céu se inunda de suave luz eterizada, o santuário fulge como se fora esculturado na terna claridade do luar; nenhum conto de fadas poderia vos oferecer espetáculo de maior fascínio e beleza, na sua prodigiosa tonalidade prateada, que depois se esvanece num halo de suave colorido luminoso. A sua aura termina emoldurada por formosa franja de matiz lilás que, em seguida, se polariza num rosa claro dulcíssimo, lembrando a figura de extenso manto de arminho esvoaçando na atmosfera balsâmica, que se nutre incessantemente por meio das flores do imenso jardim. De dia, o santuário é preciosa jóia de alabastro, encimada pelas sete torres que, à luz solar, resplandecem sob reflexos azul e rosa, adornadas pelos revérberos de amarelo-dourado e dum topázio faiscante.

O templo descansa no seio de esplendoroso escrínio de vegetação verde-brilhante e que, na forma de um extenso cinturão aveludado, representa amoroso abraço em torno de toda sua base. Trata-se de relva odorífera, semeada de buquês de flores azulíneas, com matizes prateados, que se constituem em delicados grupos entremeados por cordões de florinhas parecidas aos frutos maduros da amoreira, e que as enlaçam amorosamente, como se fossem rubis faiscando à luz do Sol.

PERGUNTA: — Poderíeis nos dar alguns outros detalhes desse templo?

ATANAGILDO: — Embora a sua disposição arquitetônica lembre a figura de suntuosa catedral terrena, as suas linhas majestosas identificam o poder e a sabedoria do espírito genial, em feliz combinação com a ternura e a bondade do santo. Graças à natureza elevada da essência espiritual que interpenetra todos os seres e o ambiente da nossa metrópole, esse templo além de representar uma síntese de todas as expressões arquitetônicas da cidade, significa também a fonte principal da vida emotiva dos seus habitantes. Ele vibra conosco e parece promover a combinação de todos os fluidos do ambiente com a aura de todos os seres, deixando-nos a impressão de misteriosa e divina generosidade espiritual. Sempre que observo o seu majestoso aspecto sidéreo, emergindo do seio da prodigiosa vegetação do parque central da metrópole, sinto que ali se fundem em terno amálgama os sentimentos de vários povos e raças, que muito contribuíram para o aperfeiçoamento da vestimenta carnal do atual tipo brasileiro.

Em toda a configuração do templo do Grande Coração há sempre um relevo, uma disposição estilística ou um motivo aparente que identifica gostos, preferências e tradições emotivas de raças terrenas que acederam em ofertar o seu sangue para a formação etnológica da nação brasileira.

Trata-se de um edifício extenso e agigantado, mas de um talhe agudo e polido, envolto por inexprimível poesia, como aquela aparência augusta que se observa nos pinheiros seculares e que lhes atenua o aspecto de força, que à primeira vista sempre nos desperta a sua grandiosidade vegetal. É um santuário construído também em perfeita simetria com o gigantesco heptágono que limita o centro principal da metrópole; possui sete portas espaçosas, que se abrem exatamente em direção a cada uma das sete principais avenidas que convergem para esse grandioso logradouro. A sua cúpula, de substância iridescente, formando gigantesco arco de suave inclinação, apóia-se na extremidade das paredes altas e esguias, com vaga semelhança aos tetos portentosos das modernas gares ferroviárias da Terra. No entanto, quero deixar claro, mais uma vez, que, apesar do aspecto grandioso e da forma gigantesca desse templo, ele sempre nos desperta uma sensação de leveza e ternura, porque reflete o elevado psiquismo da própria coletividade da metrópole do Grande Coração.

A entrada principal do templo é constituída por um magnífico portal recortado no velho estilo hindu, sendo ladeado por diversos relevos cujo vigor e beleza logo traem a inspiração grega de algum novo Fídias desencarnado. Mas ali não se verifica a preocupação de um estilo resumido, que poderia abastardar a pureza iniciática do conjunto do santuário; nem há a falta de imaginação, muito comum na Terra, quando se pretende a ostensiva mistura que sacrifica a qualidade estilística. Observa-se um divino senso de equilíbrio e harmonia, sem nenhum extremismo arquitetônico ou predominância de um estilo qualquer sobre outro. Trata-se de genial fusão de linhas geométricas e diferentes enlaçamentos heterogêneos, mas tão sutis que se desvanecem no conjunto, como expressões representativas de todas as raças do mundo terreno, perfeitamente ligadas por um mesmo espírito criador.

Diante desse preciosismo arquitetônico, que é o templo da metrópole, nenhuma alma deixará de sentir e reconhecer que ele materializa, no ambiente astral, a saudosa mensagem de muitas raças que já contribuíram para a formação emotiva do povo brasileiro. Na fusão dos vários símbolos, relevos e filigranas diferentes, dilui-se uma só expressão espiritual, que permanece constante e íntegra, apesar das variedades estilísticas de suas formas externas.

A torre principal destaca-se e ergue-se da fronte do santuário, entre as outras torres existentes, volvida para o Oriente, revelando-se impressionante monumento de beleza espiritual internamente por caprichosos lavores em baixo-relevo que, durante o dia, se fazem brilhantes pela claridade astralina do Sol, enquanto à noite se transformam em crivos de fios luminescentes, adornando o alabastro eterizado das paredes transparentes. Essa torre principal cresce indefinidamente e se alonga, depois, na figura de finíssima agulha, cuja ponta se inunda de suaves fulgurações esmeraldinas e reverberações douradas, para então penetrar docemente no seio da atmosfera de arminho do Astral superior. É principalmente através dessa torre principal que as luzes descem do Alto, acentuando-se na sua própria difusão durante as orações coletivas da metrópole.

PERGUNTA: — Qual a função primordial do templo, na metrópole do Grande Coração?

ATANAGILDO: — Ali se exerce o mais elevado labor espiritual em direção à vida superior e se nos auxilia o contato com as almas angélicas, que trazem novas orientações e inspiram os administradores e os habitantes para, em conjunto, colaborarem na recuperação dos espíritos infelizes, que ainda se debatem nos círculos infernais do Astral inferior. Em determinados períodos, o templo organiza as "orações coletivas", quando então os moradores da metrópole procuram sintonizar-se às vibrações elevadas, que são presididas pelos nossos mentores espirituais, em divina conexão com as cotas de energias angélicas que descem das Esferas Superiores. Nessas noites festivas, as torres do santuário se transformam em fachos de luz fulgurante, quais antenas vivas a absorverem as sublimes energias da divina oferta do Senhor dos Mundos.

Um chafariz de alta função terapêutica

PERGUNTA: — Desejaríamos conhecer melhor a influência da mente desencarnada nas coisas que compõem o mundo astral, isto é, a natureza e a função da vontade do espírito nesse fenômeno. Podeis nos atender nessa indagação?

ATANAGILDO: — A fim de melhor atender à vossa indagação, vou exemplificar o assunto com um acontecimento interessante verificado em nossa metrópole. Através dos seus efeitos, pude aquilatar melhor o poder da mente, quando bastante e criteriosamente desenvolvida, assim como constatar a elasticidade da substância astral sob a ação da vontade disciplinada.

Encontrava-me, certa vez, perto do principal e majestoso chafariz que ornamenta a nossa metrópole, construído de substância tão nívea quanto o lírio, quando observei junto a ele alguns espíritos angélicos — dos que de vez em quando nos visitam em tarefas de inspiração fraterna — a apreciarem o jorro de filetes de água tão límpida, que mais pareciam fios diamantíferos a se elevarem aos céus, num cântico ao Criador.

Mas, de súbito, surpreendi-me extraordinariamente ao ver aqueles espíritos, quais crianças travessas, a se servirem de sua vontade e poder mental desenvolvidos para atuarem nos filetes de água, nos quais se produziam mil mudanças de cores até então desconhecidas a mim e aos outros moradores da metrópole, que se entusiasmavam com o interessante espetáculo. Eram de fisionomias sublimes, transbordantes de ternura e alegria infantil, pois não escondiam o prazer que também sentiam pelo fato de surpreenderem e divertirem os presentes. Sob estranha influência superior, veio-me então à mente aquela advertência memorável das almas excelsas: "Deixai as crianças, e não as impeçais de virem a mim, porque delas é o reino dos céus."

Ali eu comprovava que a alma elevada e sábia se torna cada vez mais simples e terna, pois o conhecimento incomum que a faz compreender melhor a grandeza de Deus também lhe demonstra a pequenez de sua estatura humana. Depois que esses espíritos elevadíssimos produziram as cores mais indescritíveis para a vossa visão carnal, reuniram todos os seus pensamentos até formarem um só feixe mental energético; em seguida, aquele que me parecia ser o mais sábio ou o mais poderoso, comandou o potencial de energias resultantes da união mental de todos os outros companheiros e fê-lo projetar-se sobre o lindíssimo repuxo de nossa metrópole. Surpreso, eu percebera que também me achava ligado àquela poderosa concentração de forças ocultas, que me arrastavam a mente em direção ao mesmo objetivo em que eles atuavam fortemente, sob a influência de vigoroso poder mental então atuante em mim, como produto de um entrelaçamento disciplinado e desconhecido.

Na minha tela mental surgiram em seguida os contornos nítidos de um chafariz bem semelhante ao que estava à minha frente, mas que pouco a pouco apresentava deslumbrante transformação. A sua elevada coluna central, de sustentáculo do vaso gigantesco superior, esverdecia até se constituir num maravilhoso pedestal recortado em viva e gigantesca esmeralda; nas bordas inferiores do vaso e circundando a coluna principal, destacava-se a figura de formoso colar de contas de cor da ametista; no extremo superior, onde pequeninas molduras e bicas vertiam fios de água cristalina, vi com imensa surpresa desenharem-se rapidamente pequeninos lábios de rubi, inflamados por estranha luz.

Eu guardava a impressão de assistir à exibição de um desses estupendos desenhos cinematográficos que se desenrolam rapidamente e parecem confeccionados por invisível poder de magia colorida. Fascinado, via mentalmente a forma de encantadora taça colorida e translúcida, lembrando delicada glicínia, voltada para o alto. Em seguida, notei que a água se elevava num rendilhado repuxo, mas toda iluminada por claríssima luz, reverberando em cintilações cor de topázio transparente. Esse fluxo subia até uns seis metros de altura e então se enfraquecia, para depois cair ao solo, em torno do chafariz, mas atingindo-o de modo suave e na forma de névoa dourada, igual ao arminho, e que em seguida se desvanecia numa delicada fluência rosada. Tendo os olhos semicerrados, e ainda enlevado pelo espetáculo, verifiquei que todo o fenômeno ocorrido na minha intimidade também se havia materializado, à minha frente, pois o velho chafariz perdera a sua antiga cor branca e se me deparava com todas as cores e rendilhados vívidos na minha imaginação, sob o reflexo dos pensamentos conjugados daqueles excelsos espíritos.

Os chafarizes de nossa metrópole representam fontes centralizadoras de magnetismo energético, servindo para revigorarem os espíritos recém-chegados e enfraquecidos pelo processo desencarnatório. Os seus filetes de água magnetizada contêm poderosas energias nutritivas, fazendo lembrar os líquidos vitaminados ou as fontes de águas minerais do orbe terrestre.

Terminada a maravilhosa demonstração, um formoso sorriso tomou conta da fisionomia daqueles espíritos angélicos, os quais se abraçaram efusivamente, felicitando-se entre si, assim como o fazem as crianças após o êxito de travessura genialmente engendrada... Em seguida, examinaram minuciosamente a dadivosa fonte de água decorada sob tons celestiais e conferiram entre si os resultados do que haviam combinado. Através de alegres censuras e aludindo a algum pequeno equívoco, que não pude notar, um deles fez um ar de desapontado, porque não pudera modelar completamente algo ornamental do capitel; mas tudo isso transcorria num ambiente de imensa alegria e sob uma atmosfera de tanta candura espiritual, que arrasaria o mais presunçoso habitante terrestre convencido de sua grande superioridade.

Aquelas almas poderosíssimas, para realizar o fenômeno, mobilizaram as suas próprias energias mentais que, por serem forças puras, bastante dinamizadas num plano energético superior, puderam penetrar mais intimamente na substância astral de que se compunha o chafariz, não só mudando-lhe o padrão vibratório de aglutinação dos átomos astralinos, como ainda impondo-lhe a frequência necessária para servir de prolongamento mental à influência das novas cores e ornamentação.

Esse chafariz, em sua maravilhosa configuração celestial, dada por aqueles mentores mais altos, tornou-se uma atração turística para os espíritos visitantes, das esferas menores, à metrópole do Grande Coração. À semelhança do que sucede no mundo material, aqui se mantém o intercâmbio pessoal com as comunidades vizinhas, quer para se cultivarem fraternas emoções, quer para efeito de mútuo aprendizado.

PERGUNTA: — Podeis, ainda, nos informar quanto à natureza hierárquica desses espíritos visitantes, que puderam alterar a configuração comum do chafariz da metrópole do Grande Coração?

ATANAGILDO: — Entre os moradores de nossa metrópole, eles ficaram sendo conhecidos como os "Magos da Cor"; no entanto, trata-se de espíritos que vivem em esferas superiores à nossa atual moradia, e que são responsáveis diretos pelos planos de desenvolvimento e aplicação das cores em nossa comunidade astral. Recorrendo à complexa terminologia científica terrestre, poderíeis denominá-los, pomposamente, de cromosofistas, isto é, cientistas da cor.

PERGUNTA: — Como poderíamos entender o fato de esse chafariz se tornar mais energético, após a intervenção benfeitora desses espíritos mentores?

ATANAGILDO: — Convém esclarecer que esse chafariz já havia sido construído em nossa metrópole sob a mesma técnica de "conexão mental", isto é, como o resultado da soma de pensamentos poderosos produzidos pelos próprios administradores da nossa comunidade. A obra resultou de um plano prévio e muito bem coordenado que, depois, foi concretizado pela poderosa concentração de energias atuando na substância astral.

Mesmo antes da feliz modificação, o chafariz já era um monumento indescritível à inteligência humana, pois, tendo sido confeccionado artisticamente na substância astral luminosa de nossa metrópole, tornara-se realização superior ao que de mais belo conheceis aí no mundo material. Mas se o compararmos ao novo monumento de hoje, o antigo chafariz não passará de modesto ornamento e singela fonte de nutrição energética às almas ainda incipientes ao processo de absorverem o magnetismo do meio astral.

Os habitantes da cidade alimentam-se agora com mais êxito nas emanações da grande coluna d'água absorvente, e que irradia energias magnéticas. Após a dádiva dos magos da cor, a fonte tem proporcionado inúmeros efeitos de revitalizações instantâneas a muitos recém-chegados exauridos na travessia do Além, cujas curas bem se poderiam considerar como miraculosas.

PERGUNTA: — E haverá possibilidade de outros espíritos intervirem e modificarem o aspecto atual desse chafariz?

ATANAGILDO: — Sem dúvida, pois tudo depende apenas de maior ou menor potencial de energias mentais. Mais tarde, outros visitantes da nossa metrópole, antes de partirem, e gratos ao tratamento e à afetuosidade dos habitantes do Grande Coração, também deixaram o seu cunho angélico na estrutura do belíssimo chafariz, não só melhorando-lhe as funções terapêuticas, como ainda acrescentando novos traços de beleza ainda desconhecidos à nossa visão astral comum.

Estes visitantes eram espíritos mentalistas, que só operam no "raio amarelo" e seus matizes, ainda desconhecidos ao homem terrestre. Eles possuem o poder mental suficientemente desenvolvido e, por isso, agiram tendo em vista o energismo mental dos que se submetessem futuramente aos fluxos emanados do chafariz, em lugar de se beneficiarem apenas com os efeitos puramente balsâmicos do raio azul ou das revitalizações astrais do topazino. Aplicando o mesmo processo de concentração mental, que antes haviam adotado os magos da cor, esses outros espíritos, que na Terra haviam sido poderosos raja-iogues na região setentrional da Índia, fizeram o chafariz ganhar novo aspecto artístico e destacaram nele a tonalidade amarelo puro — cujo formoso matiz e exuberância não tenho a presunção de vos descrever — que atua poderosamente na composição das energias dos que procuram a fonte.

Muitas almas incipientes, que passam pelo mundo físico descrentes da magia criadora do poder mental e que não o desenvolveram para a sua ventura sideral, poderiam encontrar nesse chafariz maravilhoso — se o pudessem ver — a prova mais evidente do imenso potencial de forças criadoras adormecidas no homem.

PERGUNTA: — Qual o processo que favorece a nutrição magnética aos necessitados que recorrem ao chafariz ou são conduzidos para junto dele, para esse fim?

ATANAGILDO — Não vos deve ser estranho o fato de que a água é o mais poderoso agente eletromagnético, capaz de absorver tanto as emanações de ternura, amor e júbilo, quanto as expressões mentais de ódio, cólera ou melancolia, produzidas pelas criaturas. A água pode ser um veículo medicamentoso, para curar o enfermo, mas também pode se transformar em depósito de veneno, capaz de matar a criatura mais resistente. Ela absorve tanto as vibrações do bem como as irradiações maléficas. Enquanto na metrópole do Grande Coração somos beneficiados pelos regatos e rios de águas frescas e cristalinas, impregnadas das mais santificadas vibrações que reconfortam e balsamizam, no astral inferior eu só deparei com cisternas e vales de água pantanosa, quase sempre aquecida e estagnada em recantos sombrios, formando ninhos aquáticos de vida infecciosa e de pútrido odor.

Obediente à divina lei de simpatia vibratória, a beleza e a atração artística do chafariz torna-se divina atração, além do que faz brotar fluidos de admiração e encanto dos que ali o cercam. Deste modo, aqueles que se aproximam, com o desejo sincero de renovar suas energias fatigadas, acabam se tornando sensibilizados e receptivos, absorvendo o poderoso magnetismo que flui incessantemente do abençoado líquido saturado de energias concentradas pelas mentes superiores.

À semelhança do que acontece no processo de obsessões, em que os malfeitores das trevas buscam um "ponto hipnótico" para obsidiarem suas vítimas, o aspecto fascinante do chafariz serve como ponto de concentração prazenteira para que os espíritos benfeitores possam produzir o bem. A sua formosa configuração, o repuxo policrômico e os rendilhados líquidos, que inundam a visão de encanto espiritual, constituem um verdadeiro "centro hipnótico" capaz de harmonizar os pensamentos mais heterogêneos dos que o rodeiam. Enquanto estes se prendem espontaneamente aos efeitos maravilhosos do chafariz, o magnetismo vigoroso que dali se evola também penetra-lhes o perispírito e retempera-lhes as zonas exaustas, recompondo os fluxos energéticos da circulação astral. Como nem todos os que se achegam à metrópole do Grande Coração conseguem mobilizar suas forças ocultas e comandar com eficiência o potencial criador de suas mentes, os maiorais providenciam oportunidades de muitos se socorrerem através de recursos provisórios, até o êxito espiritual desejado. Em metrópoles semelhantes à nossa, também se faz preciso contar com elementos especiais, que atendam à multiplicidade de carências espirituais dos recém-chegados da Terra. Embora muitos deles tenham compulsado obras teosóficas, esotéricas, espiritistas ou iogues, quase sempre aqui aportam titubeando em seus primeiros passos e bastante fatigados pelo processo desencarnatório, tal como ocorreu comigo. A comunidade do Grande Coração, como bem retrata o seu nome, atende às virtudes do coração bem formado, embora possa este sentir-se ainda debilitado para o comando da força mental.

PERGUNTA: — Qual o efeito que podemos atribuir ao repuxo de água de cor topazina, que descrevestes como semelhante ao arminho eterizado, e que depois se desvanece numa cor rosada?

ATANAGILDO: — Conforme já vos tenho dito, poucas criaturas compreendem o sentido e o efeito extraordinário das cores na psicologia e na saúde humana. Existe ainda incontável número de matizes coloridos, desconhecidos do homem terreno, que futuramente ajudá-lo-ão a harmonizar a bondade do espírito com a beleza da forma física. Nas comunidades astrais, a cor não se relaciona apenas ao simples efeito decorativo mas, acima de tudo, é aproveitada em sua força vibratória oculta e penetrante, nos mundos invisíveis.

No caso do chafariz, as cores ali existentes funcionam como um excelente vitalizador etérico, porque a variedade dos seus tons esmeraldinos, safirinos, rúbidos, topazinos, carmins ou amarelos funciona como multiplicador de frequência vibratória sobre o nosso perispírito, assim como — de conformidade com o tipo de pensamentos e emoções do homem — também se produzem cores na aura humana. Buda apresentava em sua aura os maravilhosos efeitos da "cor mental", em tons dourados sobre o amarelo puro, franjado de azul-celeste, porque desenvolvera muitíssimo a sua mente em harmonia com a sua pureza espiritual.

Essas cores continuam a representar, aqui no Astral, as mesmas qualidades já tradicionalmente classificadas pela ciência oculta. E, quando elas são inteligentemente mobilizadas a favor dos habitantes da metrópole, podem acelerar a frequência dos raciocínios e conduzir a mente à solução mais breve dos seus problemas espirituais.

Há no chafariz da metrópole, graças à dádiva daqueles espíritos superiores, um potencial de energias concentradas que absorvem o raio branco e o dividem em vários fluxos coloridos, podendo ser cada um aplicado a uma carência vital, um efeito curativo, balsâmico ou apenas estimulante. Daí a função mais ampla da coluna d'água topazina, que funciona como um captador líquido das emanações magnéticas que se desprendem de todas as demais cores, constituindo um potencial de magnetismo que assume então aquela tonalidade. O jorro d'água sobe até seis metros de altura e balsamiza-se em contato com a aura de eflúvios puros de elevada espiritualidade, que ali foi deixada com a presença dos espíritos mentalistas. Em seguida, este jorro d'água perde o seu forte ímpeto inicial e cai em gradações cada vez mais lentas e, ao invés de retornar à fonte na forma líquida, vai se vaporizando de tal modo, que termina se desfazendo em irisada névoa de formoso matiz rosado, que envolve e balsamiza todos os seres em torno do chafariz. Por causa da alta frequência vibratória desses eflúvios, eles penetram com facilidade por toda a organização do perispírito dos que desejam submeter-se ao tratamento magnético, assim como também lhes ativa as funções psíquicas.

Astral Inferior

Noções gerais sobre o Astral Inferior

PERGUNTA: — Que são as regiões abismais, ou mais conhecidas como o "Astral inferior", de cuja existência temos sido informados por algumas comunicações mediúnicas?

ATANAGILDO: — Trata-se de regiões ou zonas onde se acumulam fluidos deletérios bastante densos e mórbidos, na forma de vastos depósitos de substâncias produzidas pela escória de tudo o que a humanidade terrena produz pela sua mente desregrada, assim como são monturos de detritos resultantes das trocas energéticas do metabolismo natural dos seres e da vida planetária.

Sob a lei de correspondência vibratória, os fluidos límpidos e diáfanos sempre tendem a se expandir e a se disseminar nas regiões mais altas do Astral, onde se fixam na forma de energia sublimada. No entanto, de acordo com a mesma lei, o magnetismo confrangedor e vil propende a baixar para os níveis inferiores que circundam o orbe terráqueo, constituindo-se na carga residual, densa e letárgica, que bem merece a denominação de "zonas abismais" ou "Astral inferior".

É conveniente lembrar-vos de que no Além se modificam todas as escalas e os padrões de medidas conhecidas no mundo físico; assim, quando nos referimos a zonas "altas" ou zonas "baixas", queremos aludir, com mais justeza, às zonas interiores ou exteriores, que se distinguem, entre si, conforme a natureza dos seus fluidos. Algumas regiões astrais se assemelham à emulsão sensível das chapas fotográficas, com a propriedade de fixar todas as emanações perturbadas da mente humana, como sejam o medo, a tristeza, a cólera, a inveja, a angústia, o ciúme, a luxúria, a avareza e todas as demais consequências da insatisfeita e contraditória conduta da humanidade. Os densos lençóis fluídicos, que ali se acumulam, lembram espessa e monstruosa tela de magnetismo, refletindo um turbilhão de imagens deformadas.

PERGUNTA: — Temos lido obras mediúnicas onde os espíritos falam de tempestades nas regiões do Astral inferior. Como entendê-las?

ATANAGILDO: — Ali existem espessas sombras que se movem constantemente, sob fantástica dinamização, em consequência dos impulsos degradantes e agressivos das almas culposas situadas em seu seio. Certas vezes, quando a agitação dos desencarnados é excessiva, dando lugar a repercussões mentais, que se congregam às dos encarnados, formando terríveis surtos de ódio e crueldade, quais avalanchas projetadas pelas paixões desordenadas, formam no Astral inferior verdadeiros tufões e redemoinhos de substância trevosa, que se projetam em torvelinhos sufocantes, como se fora violenta tempestade de areia negra e viscosa. Essas regiões perturbadas ficam bem próximas da crosta terráquea e, por esse motivo, os espíritos benfeitores que as visitam em serviço assistencial são, por vezes, prejudicados, pois durante os surtos de violência, a matéria denegrida agride-lhes o delicado perispírito.

PERGUNTA: — Podem-se registrar, no meio astral inferior, acidentes geográficos em condições semelhantes às que costumam se verificar no solo terráqueo? Não se tratará apenas de situações virtuais criadas pelo vigor da mente desencarnada?

ATANAGILDO: — Por que não? Embora estejamos em plano vibratório diferente do da matéria sólida, a relatividade entre o meio e o agente é semelhante ao que ocorre convosco na Crosta. Assim como na Terra se formam sulcos, vales, oceanos, campinas, montanhas e vegetação variada, também no Astral se configuram as formas com os seus contrastes e pontos de apoio, necessários às mútuas relações da alma com o meio, embora reguladas por leis diferentes das do plano físico.

As regiões inferiores, do Astral, se nos apresentam de uma solidez quase impenetrável e formadas de abismos, desfiladeiros, mataria inóspita, rios, lagos e caminhos agressivos, tudo de natureza atemorizante e deformada, sem a graça da paisagem terrena. Enquanto na metrópole do Grande Coração os rios e os riachos que banham a cidade são fontes de água cristalina e de fragrância inesquecível, nas regiões inferiores as correntes d'água são escuras, cálidas e sujas, tresandando um odor de detritos e emitindo vapores sulfurosos.

Daí o motivo do sofrimento dantesco a que se sujeitam as almas que são atraídas e "caem" nessas zonas sem poder se orientar para delas saírem, sendo vítimas dos mais enganadores fenômenos nas suas relações com o meio. Mergulham nas sombras aterradoras e sufocam-se em imundos detritos aeriformes, vendo-se traídas nas mais comezinhas necessidades fisiológicas do seu perispírito. Então clamam por alimento, água, sono, repouso e abrigo, enquanto os seus impiedosos adversários, treinados nas sombras, esgotam-lhes todas as reservas de coragem, esperança e alívio, vampirizando-se sob o mais humilhante estado de sofrimento moral e periespiritual.

PERGUNTA: — Não seria bom que os espíritos que vivem no Astral inferior pudessem visitar as comunidades mais elevadas, a fim de conhecerem o júbilo da vida superior e se incentivarem para a renovação espiritual?

ATANAGILDO: — Apesar dos grandes sacrifícios a que nos submetemos, quando em tarefas de socorro ou de treinamento espiritual, costumamos descer às furnas do Astral inferior, mas assim mesmo nos é muito mais fácil baixar ao seio das sombras, do que os espíritos trevosos ou sofredores poderem subir até as regiões elevadas, onde se situam as instituições angélicas. Entre eles há espíritos diabólicos que, em magotes ameaçadores, costumam atacar os postos e agrupamentos socorristas existentes nas proximidades das zonas sombrias, mas mal conseguem se aproximar, pois são tolhidos pelos aparelhamentos defensivos à base de emissões eletromagnéticas. Para baixar às regiões inferiores, temos que revestir o nosso perispírito com um verdadeiro escafandro de fluidos densos, que o coloque em sintonia com o meio compacto, ao mesmo tempo que nos esforçamos para esconder a nossa procedência e despojarmo-nos de todas as aparências e credenciais superiores, que possam nos identificar perante as multidões e os administradores das cidades subvertidas.

Na suposição de tais espíritos inferiores poderem subir até a nossa metrópole, o fenômeno se inverteria, pois eles teriam que se desvencilhar completamente do seu manto de trevas para obter a extrema leveza perispiritual à sua ascensão às esferas paradisíacas. Isso só lhes seria possível se substituíssem a crueldade pela ternura, o egoísmo pelo altruísmo, o orgulho pela humildade e a luxúria pela castidade, por ser este o único processo possível para se equilibrar no ambiente sutil e purificado das metrópoles celestiais.

Se eles pudessem fazer isso, há muito já estariam completamente renovados, podendo se elevar por si mesmos, sem necessidade de quaisquer estímulos ou incentivos superiores. Mas a maturidade espiritual não se consegue a toque de magia; é realização paulatina e comumente conseguida sob o aprendizado da dor e do sofrimento, pela costumeira violação à Lei Cármica. No entanto, a nossa descida ao Astral inferior é acontecimento perfeitamente viável e compreensível, porque se verifica de modo diferente, uma vez que a fazemos pelo autossacrifício e pela redução de nossa frequência vibratória familiar. Sob o potencial de nossa vontade concentramos as forças internas do espírito, num esforço redutor, para nos tornarmos cada vez mais "pequeninos", e assim podermos ir ao encontro dos nossos irmãos faltosos para com a Lei Divina. E assim mesmo não podemos deixar de reconhecer quão diminutos ainda somos ante a imensidade da Vida Cósmica.

A convicção sincera e humilde da grandeza de Deus e do Infinito, porquanto, realmente, não passamos de inexpressivo grão de areia sideral, muito nos ajuda para o êxito dessa aproximação vibratória com os espíritos ainda impermeabilizados contra o influxo da luz eterna, que entretanto lhes emana da própria alma.

PERGUNTA: — Os espíritos superiores que transitam pelo Astral inferior estão a par de todas as surpresas e fenômenos que ocorrem na região?

ATANAGILDO: — Mesmo para os espíritos já bastante

treinados nessas excursões sombrias, e que para ali se dirigem com o objetivo de socorro espiritual ou de aprendizado, as surpresas são atemorizantes, pois não são conhecedores absolutos de todas as misérias da vida exótica que existe oculta nas profundezas do Astral inferior da Terra. Todas as sensações de júbilo e de poesia sideral, que são comuns nos agrupamentos superiores e nas cidades elevadas, desaparecem à medida que seus moradores descem para as regiões inferiores, onde o cenário se reveste de um fundo tétrico e de uma vida que apavora e repugna, onde se defrontam com formas vivas as mais inconcebíveis à imaginação humana. São quadros de torturas e excentricidades que ultrapassam a tudo o que se poderia conhecer de mais fecundo na literatura das lendas e das fantasias mórbidas.

PERGUNTA: — Qual a vossa sensação ou estado de espírito, ao penetrardes nessas regiões inferiores?

ATANAGILDO: — Quando penetro em tais regiões, sinto-me num mundo estranho e mórbido, dominado por uma atmosfera silenciosamente anormal, prenunciando algum acontecimento terrível. Esse espantoso e atemorizante silêncio é quebrado, de súbito, por brados, uivos, blasfêmias, gargalhar sinistro e por medonhas agitações e revoltas, que movimentam toda a paisagem sombria e a superexcitam com uma misteriosa sensação de terror.

A sua vegetação é tristonha, imitando perfeitamente o cenário de fundo das velhas histórias de bruxas, duendes e fantasmas horripilantes; alguns arvoredos são cobertos de folhas agitadas que parecem agressivas e revoluteiam em movimentos ferozes; outros se mostram desfolhados e erguem seus braços nus em resignada tortura vegetal, como enfeites fúnebres duma paisagem de fuligem gasosa. Mas, apesar do aspecto repulsivo e amedrontador dessa vegetação, percebe-se-lhe a força de uma vida poderosa e oculta, que parece angustiada e oprimida em sua vigorosa eclosão vegetativa, proveniente do grande potencial que nutre os reinos inferiores da existência planetária.

Desde a mais sutil lâmina de capim, o mais diminuto inseto, até o vegetal mais prodigioso e o animal mais gigantesco, tudo se apresenta ameaçador e sinistro. Certa vez, após algum tempo de cuidadosa observação, surpreendi-me ao comprovar que, por detrás daqueles aspectos agressivos, havia também uma sensação misteriosa de medo, como se tudo auscultasse uma incessante e estranha ameaça na atmosfera triste e lúgubre.

Embora eu não possa comparar fielmente estes acontecimentos do Astral inferior aos fenômenos semelhantes que ocorrem na superfície terrena, devo dizer-vos que, em face do silêncio mórbido e absoluto de certas zonas que visitei, sentia-me tomado por estranha sensação de "perigo à vista", muito embora ignorasse a sua origem e razão.

Algumas vezes comparei-o ao que precede as grandes tempestades quando, depois da quietude e da calmaria, eclode a cólera da natureza, o solo é varrido pela violência do tufão e a paisagem é fustigada pela tormenta impressionante. Apesar da familiaridade com que vou enfrentando todas as surpresas do Mundo Astral, ainda não posso deixar de me impressionar com esse misterioso silêncio que preludia o turbilhão de uma vida avassalante e agressiva no Astral inferior. A vegetação, os animais e as aves que vivem nessa região obscura do Astral, repleta de formas temerosas e instáveis, parecem manter entre si uma atitude estranha, como se protegessem de qualquer coisa que lhes causa muito medo e angústia. Então, procuram vencer o medo produzido pelo ambiente misterioso que os cerca, manifestando um medo mútuo que encobrem, numa atitude defensiva.

PERGUNTA: — A que atribuís essa sensação de angústia e ao mesmo tempo de medo, que notastes no ambiente astral inferior?

ATANAGILDO: — É conveniente não esquecerdes de que vos estou dando as minhas impressões pessoais, sobre a natureza do Mundo Astral inferior, dentro do meu conhecimento e das minhas atuais reações psicológicas. É evidente que outros espíritos que foram submetidos à mesma experimentação poderão vos oferecer considerações e relatos bem mais lógicos, em face de seus conhecimentos avançados e muito além das minhas singelas concepções particulares. Não guardo a presunção de possuir melhores conhecimentos do que os que possuem outras almas da metrópole do

Grande Coração, assim como não quero sugerir-vos que sou demasiadamente sensível e impressionado pelos fenômenos relatados. Mas acredito que o pavor, a angústia e, ao mesmo tempo, a misteriosa ameaça que paira em toda a região do Astral sombrio e se estende aparentemente por todos os seus habitantes excêntricos deve ter sua origem nas emanações mentais inferiores, de perversidade, ciúme, desespero, ódio, inveja e demais paixões aviltantes, que provêm da maior parte da humanidade ali existente.

Enquanto a vegetação, as aves, os animais e as coisas que existem nas colônias e cidades elevadas são prenhes de vida, ternas e comunicativas, a se nutrirem pelos esplendores da luz que as envolve continuamente, no Astral sombrio a falta de luminosidade interior produz o ambiente infecto e oprime o livre fluxo da seiva criadora, do que resulta o aspecto torturado e apavorante, que domina todas as coisas ali existentes.

Desde que a luz, em nossa metrópole, renova e purifica as nossas próprias relações com o meio e os seres vivos, tornando-os num admirável prolongamento comunicativo de nós mesmos, é de imaginar que a falta de luz, nas regiões infelizes, incentiva ao máximo o egoísmo e a impiedade, como que a proteger a própria personalidade inferior, para que possa sobreviver num meio tão hostil à própria vida.

Noções sobre as cidades do Astral Inferior

PERGUNTA: — Gostaríamos que nos désseis esclarecimentos, os mais detalhados possíveis, para compreendermos melhor de que modo se localizam ou se estabelecem, no Astral inferior, as levas de espíritos que diariamente são transferidas da Terra para ali. Como sabemos, a Terra agasalha também grande quantidade de espíritos malévolos, mas todos eles estão distribuídos pelas cidades terrenas, vivendo em comum com os espíritos encarnados de certa elevação. Se nas cidades do Astral superior só ingressam espíritos elevados, é de crer que no Astral inferior também existam cidades onde vivem os retardados em sua evolução espiritual; não é assim?

ATANAGILDO: — Justamente; e a maioria dessas cidades inferiores é relativamente organizada, pois, embora se congreguem ali os piores malfeitores, cruéis verdugos e espíritos que se desbragam em extremo no mundo da carne, muitos deles são representantes das mais destacadas profissões humanas e também egressos de famosas academias terrenas. Há nelas desde o médico que no mundo material fez da dor humana um exclusivo balcão de negócios insensatos, o engenheiro desonesto que se locupletou com as negociatas escusas, o político que ludibriou os seus eleitores, o advogado chicanista, o militar que praticou injustiça à sombra das forças armadas, o administrador que dilapidou os cofres do patrimônio público, até a mulher formosa, que erigiu um trono de jóias e bens sobre o prejuízo alheio.

Ainda se pode encontrar nessa mole dantesca o sacerdote católico, que conspurcou a santidade de sua igreja, o ocultista que abusou dos seus poderes para o seu exclusivo favorecimento, o médium espírita inescrupuloso, que trocou os bens do Alto pelos prazeres perigosos do mundo, o pastor puritano, mas avaro e cruel, e o macumbeiro que, através da amizade do preto velho e do índio ingênuo, montou progressivo negócio com o "despacho" na encruzilhada.

Em virtude da espécie de espíritos de todos os matizes e profissões, que ali se congregam, vítimas dos seus próprios delitos execráveis — muitos de raciocínios geniais, mas endurecidos de coração —, aliam-se então sob recíprocos esforços de interesse em comum, para maior êxito nos seus objetivos diabólicos. O seu extremo egoísmo e cupidez os leva a se organizarem para o cultivo do melhor para si e seus comparsas, usufruindo o máximo requinte de satisfações e domínio na atmosfera deletéria. Quando examinei os setores administrativos de uma dessas cidades, em comunidades do Astral inferior, não pude deixar de reconhecer o toque de competência do engenho na construção de certos palácios e logradouros públicos destinados aos mais felizes, embora traíssem exagerada suntuosidade infantil e o conforto medieval; percebi alguns arremedos de dispensários médicos, que deviam, porém, ser de exclusividade dos fiéis prosélitos e senhores da comunidade inferior.

Identifiquei também, ali, um serviço algo eficiente de iluminação esbraseada, provinda de alguma usina funcionando à base de elemento eletromagnético e muito comum no meio astral. Essa energia tanto a usavam para benefício da coletividade, como para fins do domínio sobre as zonas desamparadas e contra a penetração de massas sofredoras que eram vindas dos extremos dos subúrbios. Embora não me fosse dado penetrar na intimidade daquele povo egocêntrico, após muitas reflexões e observações sobre o que se me apresentava à visão, verifiquei que a cidade se assemelhava a um gigantesco losango, em cujas pontas ficavam sórdidos subúrbios, que se estendiam por muitos quilômetros de vastas zonas abismais, completamente atulhadas de criaturas, num pavoroso caos de dores e sofrimentos, como se fossem magotes de prisioneiros provenientes dos campos de concentração da última guerra terrena.

A nenhum desses infelizes era permitido ingressar no suntuoso perímetro onde se localizavam os edifícios públicos de importância e as vivendas ostensivas dos privilégios da estranha metrópole. Constantemente, a turba de impiedosos policiais arregimentados pela direção da cidade, e sob o mais sádico barbarismo, expulsava a chicotadas magotes de infelizes que, desesperadamente, tentavam penetrar pelas vielas a dentro, para atingir o perímetro aristocrático. Era um espetáculo de terrível crueldade; azorragavam mulheres e homens que, embora já se encontrassem na mais negra fase de miséria e descalabro psíquico, ainda recebiam atordoante chuva de impropérios e vergastadas cruciantes.

PERGUNTA: — Donde provém essa multidão de criaturas miseravelmente amontoadas nos subúrbios da cidade?

ATANAGILDO: — Certa parte foi para ali enxotada, depois de ter servido como repasto deletério em processos infames, que ainda é prematuro revelar; outra parte significa a reserva mórbida, recém-chegada, em fase de aproveitamento, e que os "fiéis" não tardarão em auscultar para endereçá-la ao serviço diabólico da obsessão metodizada. Aqueles que já foram esgotados sob nefandos propósitos, eles abandonam e enxotam para as furnas tenebrosas de répteis e vermes das matas circunvizinhas do Astral inóspito, enquanto novas levas, que compensam a carga exaurida, destinam-se aos abomináveis processos de vampirização e nutrição vital nos labores de ataques aos encarnados.

Depois de avançados trabalhos de magia, os técnicos das sombras colam os espíritos doentes e recém-chegados ao perispírito daqueles que foram visados para a obsessão na Terra, quer a pedido de magos negros ou feiticeiros da Terra, quer por interesse da comunidade astral. Então esses infelizes desencarnados ficam jungidos à organização perispiritual dos terrenos, desempenhando a tenebrosa tarefa de transmitir ou filtrar para o corpo da vítima encarnada os miasmas da própria moléstia que os vitimara na carne. É por isso que a medicina terrena se vê impotente ante estranhas enfermidades incuráveis e quadros patológicos desanimadores, pois a causa principal quase sempre reside nessa "colagem perispiritual" entre um desencarnado enfermo e um encarnado sadio, em face da invigilância moral e evangélica deste último. Quando os malfeitores das sombras envolvem a criatura, pela sua negligência espiritual e escravidão às paixões aniquilantes, só as forças íntimas da oração e a renovação espiritual imediata é que realmente poderão efetuar a libertação da obsessão ou do vampirismo, que não será conseguida de modo algum com injeções, drágeas ou cirurgia intempestiva.

PERGUNTA: — Qual a melhor idéia que poderíamos fazer desse perímetro onde se situam os conjuntos de edificações mais aristocráticas da cidade?

ATANAGILDO: — Podeis imaginá-lo como sendo uma quadra urbana de uma metrópole terrena, em cuja área, bem grande, habitam os administradores, juízes, artistas, cientistas, cortesãos e executores judiciais, que imitam bastante o fausto desregrado das cortes sensualistas orientais. O aspecto geral e impiedoso das energias das criaturas escravas deve servir às satisfações mórbidas e ser comumente utilizado como instrumento vivo para todas as espécies de obsessões e vinganças contra os encarnados. Por meio de informações de entidades benfeitoras, ali disfarçadas, soube da existência de organizado serviço de natureza obsessiva contra os terrenos, com o domínio execrável e completo sobre muitos grupos de encarnados, que se transformam para eles em objetos vivos, ao corresponderem às abomináveis sensações dos malfeitores desencarnados.

PERGUNTA: — Quais as formas ou tipos desses palácios ou edifícios públicos?

ATANAGILDO: — Estou descrevendo a natureza da cidade do Astral inferior que mais tenho visitado em minhas excursões socorristas. Quando, pela primeira vez, obtive permissão para penetrar em seu interior, com o auxílio de um espírito benfeitor ali disfarçado como habitante cooperador do serviço público, deparei com encorpados palácios e edificações exóticas, separados por grandes blocos de residências aristocráticas, que se estendiam marginando ruas largas e praças decoradas às vezes com certo gosto, mas com espessa vegetação verde escura, rija e parecida às fibras da piaçava brasileira.

Os canteiros estavam bem cuidados pelo braço escravo, e repletos de flores estranhas, fazendo-me recordar certos espécimes florais do Brasil, que atraem os insetos, pelo seu perfume selvático, e depois os devoram aprisionados nas suas corolas.

Surpreendeu-me, também, a grande quantidade de cáctus, formando rigorosos círculos protetores em torno dos canteiros ajardinados, e que se apresentavam pródigos de flores, umas de vermelho vivo e outras amarelas como gema-de-ovo; do arvoredo baixo, que parecia comprimir a atmosfera contra o solo duro granulado, pendiam numerosas espécies parasitárias, exsudando um perfume atraente, mas perturbador.

Mais tarde, em novas excursões, observei melhor os locais onde se achava aquela prodigalidade de flores mergulhadas na atmosfera silenciosa do arvoredo baixo e grosso, que mais se pareciam a pequenos bosques do que jardins floridos. Ali tudo traía o vigor e a ostensividade de uma natureza selvagem, cuja vida em alto potencial parecia explodir a todo momento; o tipo grosseiro das flores parasitárias, a rudeza de aspecto do cáctus, que decoravam o cenário de um verde-escuro com pinceladas vivas do vermelho flamejante emoldurado pelo amarelo exótico, eram bem a prova da força vigorosa do Astral inferior, que fluía pelas formas decorativas, criando uma beleza brutal e fugitivamente ameaçadora.

PERGUNTA: — E sobre a higiene dessa cidade que visitastes, que poderíeis nos dizer?

ATANAGILDO: — Ali existe certo trato e cuidados higiênicos; o que impressiona mal é o gosto pelas cores berrantes e principalmente a acentuada predileção pelo vermelho que, mesmo na Terra, é símbolo da força instintiva inferior e a cor do sangue, que lembra tragédias sanguinárias. Mas, em torno das criações ali existentes, sempre transparecia certa austeridade muito própria dos povos conservadores, orgulhosos e tradicionalistas.

Observei que os moradores não sentiam a opressão e a angústia que me tomavam o perispírito e que provinha da atmosfera ambiente, muito densa. No Brasil, costuma-se denominar de "mormaço" essa atmosfera opressiva e fatigante, que muitas vezes se registra antes da tempestade próxima. O ar denso, em demasia, nessa cidade, dificulta a própria filtração da luz solar, pois o astro rei se me afigurava um disco sanguíneo e oprimido a pairar num céu tórrido. À noite, por causa da luz débil do aparelhamento da usina eletromagnética e insuficiente para toda a cidade, esta se socorre de outra luz artificial, conseguida pelo processo primitivo da queima de energias astralinas, aprisionadas em tubos de vidro parecidos aos lampiões de querosene das cidades coloniais do Brasil.

Em alguns pontos mais obscuros, e nos desvãos sombrios dos logradouros, vi archotes grandes, que distribuíam uma luminosidade afogueada, mas sem resina ou fumaça.

Ao afastar-me do centro principal, onde se acomodavam o casario aristocrático e as instituições administrativas, a iluminação da cidade me parecia igual a um grande incêndio visto à distância e retratado na tela densa da noite enevoada.

PERGUNTA: — Quais os tipos característicos dos transeuntes nessa zona aristocrática?

ATANAGILDO: — Quando ali estive, notei os mais exóticos e discrepantes aspectos de trajes; alguns vestiam casacos azuis ou de um vermelho chamejante, em excêntrica combinação com calções amarelos, azul índigo e roxos, e essa indumentária extravagante se completava com sapatos de um tecido muito parecido à pelica branca, encimados por grandes borlas de uma espécie de seda escarlate.

Vislumbrei outros que vestiam trajes dos mais variados tipos de nacionalidades terrenas, pois havia desde o eslavo do século XVIII ao francês monárquico e até o peplo dos gregos de antes de Cristo.

No meio exótico daquelas criaturas de trajes coloridos, que bem revelavam a atração infantil dos moradores da cidade pelas vestes berrantes e romanescas, destacavam-se certos grupos de homens de capas negras, luzidias e escarlates por dentro, ostentando chapéus largos e de uma espécie de camurça amarelo vivo, dobrados sobre os olhos e com vastas plumas dum vermelho gritante. De olhos sinistros, passos largos e um balouço de corpo que lembrava o andar do velho lobo do mar, eles caminhavam apoiando as mãos enluva-

das sobre compridas espadas presas a cintos cravejados de pedras preciosas. O seu aspecto era ameaçador; mesmo os transeuntes mais ousados não disfarçavam o seu mal-estar quando se defrontavam com esses homens que, em grupos de seis a doze, percorriam as ruas ostentando prazenteiramente ares de maligna provocação.

Os escravos, empregados em tarefas degradantes, ou puxando veículos pesados, que me faziam lembrar os suarentos "colies" da China, tremiam como varas verdes e fugiam apressados da trajetória desse tipo humano de ar tenebroso. Num rápido olhar que lhes lancei, não pude fugir a uma instintiva impressão de temor: eram os olhos sinistros, com fulgor de aço, e afundados num rosto aguçado como o do lobo; tinham nas faces a palidez terrosa, os narizes aduncos e uma cabeleira, dum castanho sujo, a sair por debaixo do chapéu e cair formando franjas, como velhas cortinas desbotadas, sobre os ombros agudos.

Mais tarde, vim a saber que tais criaturas eram sequazes avançados do "poder executivo" da cidade, e bastante conhecidos como os "fiéis", porque, além de serem dotados da mais impiedosa crueldade e cupidez, há muitos séculos vêm fazendo cumprir fielmente a vontade do governo oculto da comunidade. Embora, à primeira vista, mais me parecessem cópias caricatas dos mosqueteiros de Dumas, viviam sempre à cata de almas infelizes, arrebanhando-as, como os demônios da lenda, para depois jungi-las à roda infamante da escravidão astral, além de já terem sido autores das mais diabólicas empresas obsessivas e do domínio cruel no mundo inferior. Procurei sondar-lhes as almas e comprovei que se tratava de entidades excessivamente perversas, em cujas faces de hienas se estereotipava a síntese de toda a maldade, vilania, torpeza e deboche multiplicados ao máximo possível.

PERGUNTA: — Que idéia poderemos fazer desse "governo oculto" ou da organização do "poder executivo", nessa cidade do Astral inferior?

ATANAGILDO: — Não posso me alongar em detalhes, neste assunto, porque não recebi autorização superior para efetuar revelações que ainda se consideram prematuras e que tornariam o médium demasiadamente visado por aqueles que, do lado de cá, desejam manter os encarnados na mais crassa ignorância de suas tramas maquiavélicas.

Mas posso vos informar que, além desse poder executivo ou poder "visível", da cidade, há outro mais forte e satânico, que atua mesmo sobre os seres mais poderosos. É um comando maligno e milenário, que controla e administra todas as coletividades diabólicas das sombras e que sempre sonhou se tornar o governo oculto do psiquismo e da substância material do planeta Terra. Nos planos dos desencarnados, tenho ouvido os espíritos superiores aludirem de leve a uma consciência diabólica pensante, que trama os planos subversivos do planeta e que denominam de o "maioral" num sentido algo pejorativo.

A sua influência — dizem os entendidos — se exerce desde antes da submersão da Atlântida. Quando defrontei com aqueles espíritos diabólicos, arremedos exóticos de personagens dos romances de capa e espada, constatei que as suas linhas fisionômicas não se ajustavam logicamente às fisionomias comuns dos terrenos, pois havia um "quê" deslocando-as da moldura terráquea. Talvez por isso, eles usufruam do sádico prazer de ser as garras avançadas desse governo oculto e diabólico, que ainda tenta a hipnose sorrateira do orbe, e que age pelo seu interior, a fim de bestializar a sua humanidade e torná-la dócil ao seu definitivo jugo satânico.

Pressenti em todas essas comunidades inferiores uma disciplinada organização do mal, em elevado potencial, agindo ocultamente para subtrair o orbe terráqueo da influência de Jesus, o seu verdadeiro e magnânimo Governador Espiritual.

PERGUNTA: — Se, de acordo com as vossas descrições, essa comunidade inferior possui ruas, edifícios, jardins e serviço público, deve também possuir veículos adequados às suas necessidades; não é assim?

ATANAGILDO: — Quando ali estive, defrontei-me com muitos veículos puxados por muares, outros por infelizes escravos açoitados com finíssimas pontas de chicotes manejados por figuras patibulares; notei também a existência de algumas espécies de cadeiras circulares, sobre o dorso de animais, outras com roldanas enfeitadas de borlas sempre dominadas pelos tons amarelo e vermelho, assim como também notei outros tipos semelhantes às liteiras coloniais, cujos varais compridos, em vez de serem puxados por cavalos, apoiavam-se nos ombros de escravos ofegantes. Isso fazia lembrar o antigo Brasil colonial, mas o luxo daquelas criaturas era extremo, exagerado e profundamente tolo, ante a prodigalidade de uso de galões, debruns e adornos, onde se percebia o fanatismo infantil das competições de superioridade hierárquica entre os seus senhores.

Pelas vastas avenidas do perímetro central, sempre desimpedidas dos infelizes chagados — algumas das quais verifiquei atingirem até uns cinco quilômetros de comprimento — transitavam multidões de seres. Os seus afazeres e intenções eram perfeitamente controlados por grupos de policiais sinistros, que obedeciam respeitosamente aos "fiéis" travestidos de mosqueteiros.

Esses policiais, brutalizados e secos no seu tratar, eram fortes, mas curvados para a frente, de fisionomia rude e simiesca, sem a agudeza do olhar dos "fiéis"; sobre a cabeça usavam bonés vermelhos, de pala quadrada em cor amarelo vivo; o cabelo estava cortado à moda dos silvícolas brasileiros; vestiam blusões soltos, dum vermelho irritante, com bainhas roxas, e no peito se lhes via um losango amarelo, com o emblema de um dragão ou lagartixa negra vomitando fogo. O traje se completava por calção curto, azul-escuro, e estavam descalços, mostrando as pernas tortas e peludas. Seguros pelas mãos compridas, quais ganchos vivos, levavam um bastão curto, negro, que talvez houvesse sido submetido a algum processo eletromagnético, pois, quando batiam nos transeuntes que os desobedeciam, estes entonteciam e buscavam um lugar protegido para se apoiarem ofegantes, dando mostras de fraqueza e desvitalização. Moviam-se em grupos de três a seis indivíduos, e lia-se-lhes nas fisionomias a completa falta de escrúpulos e piedade, aliada a uma fidelidade canina aos seus superiores.

Quanto à população em geral, percebia-se que dois terços estavam algo escravizados a alguém; a liberdade estava tolhida por um poder oculto, infernal, exceto quanto a um terço de privilegiados que exerciam terrível tutela sobre os demais.

PERGUNTA: — Quais as analogias que tendes notado

entre as cidades do Astral inferior e os núcleos civilizados da superfície do nosso globo?

ATANAGILDO: — Desconheço outros tipos de comunidades, no gênero, que existam noutras regiões astralinas; as impressões que estou dando são apenas sobre comunidades do Astral das quais a metrópole do Grande Coração tem especial interesse em resgatar espíritos sofredores sob sua jurisdição espiritual. Como essas comunidades funcionam há muito tempo no Astral inferior e evoluíram de simples agrupamentos rústicos de espíritos dos homens primitivos, elas não apresentam possibilidade de grandes realizações em matéria de modernismo, pois muitos dos seus administradores ainda não se familiarizaram completamente com as últimas realizações científicas e artísticas do vosso orbe.

Alguns dos seus dirigentes são almas rebeldes e egressas de civilizações letárgicas e atrasadas, do Oriente; outros deles, quando encarnados, atravessaram o oceano Atlântico com as primeiras expedições de navegadores após Colombo, remetidos para o Brasil como a pior escória da Europa; muitos desencarnaram nas costas brasileiras, em sangrentos combates de pirataria, aderindo ao Astral também brasileiro.

Não faltam ali inteligências aguçadas e criaturas de cultura requintada, mas trata-se de almas ainda retardadas em seu progresso espiritual, à semelhança de certas tribos da Ásia, que percorrem a cavalo, ou em ajaezados camelos, as mesmas trilhas já sulcadas pelos velozes automóveis modernos.

E, por isso, essas cidades apresentam aspectos mais familiares com a arquitetura colonial de Portugal e com a do Brasil dos primeiros séculos de sua descoberta. Muitos de seus chefes, que lavram seus decretos eivados de torpezas e vinganças indescritíveis, não são vistos nem conhecidos na cidade, pois vivem em tenebrosas fortalezas de ares medievais, fazendo estremecer, com seus nomes já conhecidos da Terra, todos os seus infelizes subalternos. Quando a Lei resolve encaminhá-los para encarnação na Crosta, quase sempre semeiam incontáveis desgraças, em vosso mundo, pois enodoam de sangue as cidades e saqueiam povos ou torturam multidões, deixando atrás de si estigmas cruéis e gritos de desespero. Os seus nomes tenebrosos a velha história depois os guarda como sendo Gengis Khan, Átila, Tamerlão, Bórgia, Nero, Calígula, Torquemada ou Rasputin, enquanto a imprensa moderna os assinala como Hitler, Himmler, Eichmann. Entre eles mesmos, quando encarnados, não cessa a competição feroz consequente de excesso de ambição em todas as suas atividades diabólicas, e por esse motivo permanecem sob o jugo constante do ciúme, da inveja, do ódio e da traição. Quando se assenhoreiam dos poderes, não só dilapidam a renda pública em negociatas desonestas, como praticam cruéis expurgos entre si mesmos, dominados por esses estigmas de inveja, desconfiança e delação recíprocas, que por vezes atingem as raias da impiedade.

Vivem em alta tensão nervosa e, mesmo quando poderosos, não gozam da paz tão desejada, pois que sem dúvida ela não poderá ser conseguida pelo domínio e pela violência. Então, espreitam-se como cães ferozes e vigiam-se mutuamente, buscando abocanhar novos proventos e poderes mais amplos, a fim de se colocarem a salvo das ambições dos seus próprios amigos.

PERGUNTA: — Qual a forma de governo nas comunidades do Astral inferior?

ATANAGILDO: — É uma verdadeira oligarquia aliada às tradições de orgulho, vaidade e prepotência, e que se estende por séculos afora, ciosamente defendida e conservada pela mesma grei de almas de "sangue negro", como é mais conhecida pelos mentores siderais. A sua legenda é contundente e hostil, pois dizem que é muito mais glorioso ser rei de uma bando de demônios do que escravo de uma corte de anjos. Eles se sentem humilhados ante a sugestão dos poderes do Bem, que acham aniquilantes e piegas, e que detestam incondicionalmente. Exercem domínio sobre milhares de escravos provindos de todas as esferas da vida carnal e que se desviaram do caminho sensato da vida cristã; exercem influência sobre grande quantidade de encarnados imprudentes, que vivem presos aos vícios e às paixões animais, a fim de extrair-lhes o máximo de "húmus vital", de que tanto precisam para aumentar suas sensações pervertidas.

Suas idéias são eivadas de sofisma e dissimulação, simbolizando o Diabo travestido de anjo e, quando os mais hábeis e cultos se encarnam na matéria, tornam-se filósofos que glorificam a falta de pudor, lançando ao mundo doutrinas que valorizam as paixões da carne e criticam a candidez da alma. Lutam desesperadamente para confundir a pureza e a santidade do Evangelho de Jesus, infiltrando-se em todas as instituições onde possam contradizer suas divinas máximas, assim como favorecem, imediatamente, o credo, a seita ou a instituição que pregar o amor do Cristo com o interesse de César. O Espiritismo, como um dos movimentos de maior popularidade para breves dias, está sendo uma das doutrinas mais alvejadas por esses comandos das sombras, que a todo custo tramam entregá-lo ao ridículo, à contradição, a criar o desamor entre os seus adeptos, para subverter as bases santificadas da codificação.

PERGUNTA: — Essas cidades ou comunidades foram fundadas e organizadas pelos mesmos espíritos que as administram atualmente? Elas poderiam desaparecer ou se desorganizar, supondo-se que tais almas se renovassem e abandonassem a sua direção governamental?

ATANAGILDO: — Elas não desapareceriam porque, atrás de toda essa megalomania e administração infernal, existem outros poderes que não estou autorizado a revelar. Os mais impiedosos espíritos do Astral inferior, que administram tais coletividades sombrias, não passam de "pontes vivas" ou "pontas de lanças" de outros seres, em projetos diabólicos, que vêm sendo tentados há mais de 60.000 anos para o completo domínio do vosso orbe. Mais tarde, os mentores siderais vos farão revelações gradativamente mais avançadas, para que então possais avaliar melhor a profundidade do assunto, que não ouso esclarecer no momento. Então podereis compreender a dramaticidade compensadora, ou seja o verdadeira metabolismo que elabora a consciência espiritual e a conduz ao seu feliz desenvolvimento angélico.

PERGUNTA: — Que espécie de gozo sentem esses espíritos trevosos, que os leva a governarem e conviverem tiranicamente nessas cidades opressivas do Astral inferior?

ATANAGILDO: — Indago-vos: Por que certos governadores e administradores públicos terráqueos também querem se eternizar no poder, embora já lhes tenha chegado o momento de abdicarem dos cargos que lhes confiou o povo? Sem dúvida, quando isso não está ligado ao interesse pessoal ou à necessidade de atender à cupidez famélica da parentela carnal, está ligado à volúpia do poder, à vaidade do comando ou mesmo ao desejo de desforra política.

Muitos desses homens preferem ser louvados pela hipocrisia daqueles que só visam ao seu próprio bem, a gozarem os benefícios da afeição pura ou receberem a reverência respeitosa dos que lhes são sinceros mas não os incensam. É evidente, pois, que os espíritos trevosos, que permanecem agarrados ao comando do Astral inferior, são os mesmos homens que prevaricavam no mundo carnal e ainda adoram a lisonja e o poder político. E como não lhes resta outro império, senão o que lhes confere o manto de sombras e a coroa do orgulho, é muito lógico que se arregimentem e também se digladiem para assumir o comando das Trevas e continuar a governar.

E, como os prazeres e os desejos da alma se tornam ainda mais grosseiros e insaciáveis, quando o espírito se põe em contato com o campo vibratório da vida inferior, podeis imaginar a que requintes diabólicos chegam as almas pervertidas e cruéis quando se desesperam para satisfazer os prazeres mais abjetos e alçarem-se aos poderes mais infernais.

Daí a criação da lenda do Satanás, com a cupidez e a crueldade a fluírem-lhe pelos olhos felinos. E como também somos egressos do mesmo estado satânico e já amargamos ainda mais o fel da crueldade e da torpeza espiritual, cumpre-nos cooperar, sem desânimo e sem descanso, para convertermos irmãos satânicos e avivar-lhes a chama angélica na concha dos seus corações cobertos de trevas.

PERGUNTA: — Quais as vossas impressões ao penetrardes pela primeira vez em uma das cidades do Astral inferior, onde vivem criaturas escravizadas pelas organizações do mal?

ATANAGILDO: — Embora não me considere um espírito de elevado grau, sufocou-me de tal modo o ambiente da cidade, que cheguei ao ponto de quase bradar pelo socorro espiritual de falanges amigas. A respiração tornou-se-me ofegante e pelos meus pulmões adentro penetravam fluidos pegajosos, que pesavam em minha indumentária perispiritual, fazendo-

-a tão opressiva como se eu tivesse vestido de um traje de aço. Senti-me quase que completamente exaurido das forças magnéticas costumeiras, como se invisível vampiro houvesse sugado toda a vitalidade do meu perispírito. Fazendo menção de caminhar, tive a sensação de me mover no meio de lama viscosa. Só mais tarde pude avaliar o poder absorvente do perispírito nessas regiões, onde precisamos estar alertas e ter imperiosa vontade não só para regular-lhe o metabolismo em relação ao magnetismo energético do meio, como também adaptá-lo inteligentemente à defesa do plano asfixiante.

PERGUNTA: — E por que não pudestes reagir, concentrando energias mais vigorosas ou dissolvendo o magnetismo exterior tão opressivo?

ATANAGILDO: — Se assim o fizesse, não poderia me tornar visível na cidade e terminaria perdendo o aprendizado socorrista, que atualmente tanto me beneficia o espírito, pois, se estivesse submetido à minha frequência vibratória comum, não poderia atuar praticamente em ambiente tão denso ou mesmo me relacionar com ele.

Os sentidos psíquicos daqueles tipos de almas subvertidas ainda estão muito circunscritos a uma faixa vibratória bastante reduzida e, por esse motivo, escapa-lhes qualquer contato positivo e direto com os espíritos que se afinam aos padrões astrais acima das fronteiras das sombras. Notei que, após a absorção de energias opressivas e a inalação do fluido denso do meio inferior, tornei-me visível a certo grupo de indivíduos que transitavam pelo subúrbio, sob cujo intenso nevoeiro plúmbeo eu pudera efetuar a minha súbita materialização, sem provocar desconfianças ou curiosidade.

PERGUNTA: — Qual a sensação que sentistes nesse meio opressivo e com o perispírito assim tão denso?

ATANAGILDO: — Em comparação com a minha liberdade no ambiente da metrópole do Grande Coração, senti-me quase tolhido em todos os meus movimentos, como se estivesse operando num organismo de carne terrena, perturbado por uma paralisia. Algo parecido à fuligem úmida se colava ao meu corpo etéreo e me oprimia os movimentos. Sob inauditos esforços para me submeter a esse heróico curso de socorrista das zonas sombrias, dinamizei a minha vontade quase exangue, a fim de impulsionar com êxito o meu veículo perispiritual através daquelas ruas suburbanas, coalhadas de detritos e de criaturas nas mais penosas situações, misturando-se os tipos de criaturas de aspectos bovinos e repelentes com outros tipos de fisionomias de hienas e abutres cruéis.

PERGUNTA: — E qual a sensação que nós teríamos, como terrenos, se fôssemos submetidos a essa condição tão opressiva, como sucedeu convosco?

ATANAGILDO: — Seria o mesmo que cairdes num pântano nauseante e depois serdes obrigados a suportar por algum tempo um escafandro de lodo repugnante em torno do vosso corpo, sujando-vos continuamente as narinas, os lábios e oprimindo os vossos movimentos.

PERGUNTA: — Qual a idéia mais clara, que poderíamos ter, da vida em comum, nas cidades inferiores?

ATANAGILDO: — Em geral, embora se note nelas certa ordem administrativa na zona central, não passam de comunidades desleixadas, com meios de vida extravagantes, porque os seus administradores vivem devotados ao prazer e à ociosidade.

Entretanto, pude identificar, em uma das que visitei, alguns componentes da nossa metrópole, em tarefas sacrificiais, os quais, depois de se darem a conhecer à nossa equipe por sinais particulares, prosseguiram caminho simulando a figura de habitantes comuns à cidade, que estivessem no desempenho de tarefas particulares. Mais tarde, vim a saber que essas comunidades ociosas e rebeldes, onde se situam infelizes padecentes dos maiores horrores jamais imaginados pelo cérebro humano, também são alvo de atenção e do socorro das metrópoles superiores, que sempre procuram recuperar os espíritos menos culpados e emigrá-los para as zonas de assistência espiritual junto à Crosta.

Mal havia eu atingido o limite suburbano da cidade, quando se me apresentou estarrecedor espetáculo, fazendo-me crer que essa tenebrosa metrópole fora esquecida por Dante Alighieri ao descrever a sua visão do Inferno. Caminhava rente ao casario sujo e malcheiroso, quando resolvi subir a uma regular elevação do solo, para melhor me orientar entre os becos escuros e inundados de detritos asquerosos.

Então a cena que descortinei foi horrorosa, pois em torno do subúrbio espalhava-se vasta multidão de criaturas estropiadas e coladas ao solo pegajoso, como se fossem répteis e vermes asquerosos. De longe sentia-se o mau cheiro que exalava a pútrida matéria daqueles indivíduos chagados. Embora profundamente enojado, resolvi descer, penetrar viela adentro, e assistir de perto o espetáculo confrangedor, que me pareceu o mais degradante e horripilante que já vira. Eram seres mutilados, que pareciam verdadeiras chagas vivas sob cruciantes movimentos; outros, alienados, de faces tenebrosas, gargalhavam sinistramente, misturando-se a homens de catadoras ferozes, perversos, sarcásticos e insolentes, que não podiam esconder os estranhos estigmas que lhes marcavam os atos brutais e os identificavam perfeitamente com a natureza de suas paixões animais ainda predominantes. Confrangido, reconheci-me num vasto celeiro de almas carcomidas e retardadas no caminho evolutivo da espiritualidade, que se amontoavam sem respeito e entregues a toda a sorte de vilanias e sofrimentos. Ali não havia ordem, nem lei; não se ouvia o cântico jubiloso da mulher moça ou o riso farto e cristalino da criança inquieta; nem mesmo as vozes alegres dos homens revivendo suas existências aventureiras do passado. Nenhum sinal de labor benéfico ou empreendimento higiênico se verificava na imundície dos subúrbios. No ar pairavam as irradiações identificadoras da mais crassa brutalidade, avareza, cupidez, libidinosidade e a terrível sensação de inveja misturada ao mais feroz egoísmo, como prova evidente da luta e da competição subversiva muito comum entre os malfeitores.

À medida que avançava por entre as ruas tortuosas e escuras, que faziam retornar o meu pensamento às vielas da Idade Média, escasseava então o pesado nevoeiro que me envolvera na chegada, enquanto eu percebia à longínqua distância um clarão ainda fraco e afogueado, que despontava no horizonte fumarento. Mas o horrendo espetáculo dos rebotalhos vivos ainda não terminara, pois continuavam a surgir outros infelizes, apresentando repulsivas deformações nos seus perispíritos; muitos seres estavam como que dobrados sobre si mesmos, mostrando úlceras estranhas, atrofias extravagantes e padecimentos que não poderiam ser descritos pela pena do mais trágico e mórbido poeta tocado de piedade humana.

PERGUNTA: — Essa cidade é produto exclusivo de um atravancamento humano incontrolável, ou possui ruas traçadas convenientemente, com algumas instalações indispensáveis para uma vida em comum?

ATANAGILDO: — Mais tarde, vim a conhecer toda a topografia da cidade e comprovar certo senso diretivo da coletividade ali amarfanhada; mas também verifiquei que aquela comunidade havia parado no tempo, pois a sua metrópole é copia exata dos hábitos e sistemas urbanos completamente em desuso nas cidades modernas da Terra. A sua arquitetura e costumes de natureza conservadora e acanhada lembram as realizações de alguns povos asiáticos dos séculos XVI e XVII, dos quais ainda restam vestígios em certas regiões da Ásia. O atraso me pareceu tão contraditório com a evolução atual, assim como se um povo terreno ainda teimasse em lidar com pesados instrumentos agrícolas, primitivos e próprios das épocas tribais, embora a poucos passos adiante outras criaturas progressistas manuseassem moderna instrumentação agrária mecanizada.

Nessas cidades anacrônicas e subvertidas do Astral inferior existem certos planos e projetos severos em desenvolvimento, mas organizados por força das circunstâncias e do aumento macabro das turbas de sofredores, que para ali convergem pela qualidade magnética dos seus perispíritos envenenados. Mas o impiedoso egoísmo dos seus dirigentes embrutecidos pela excessiva animalidade, apenas protege e desenvolve o núcleo central da cidade onde eles vivem, enquanto que os subúrbios se transformam em dantescos depósitos vivos da mais indescritível escória e miserabilidade que se poderia imaginar no mundo terreno.

Encontrei alguns becos tão atulhados de infelizes devorados pelas chagas e presos às mais atrozes paralisias perispirituais, que me fizeram lembrar os quadros pavorosos dos campos de concentração construídos pelos nazistas na última hecatombe guerreira, onde milhares de corpos esqueléticos, ainda com sinais de vida, eram atacados pelos ratos, em meio das pilhas de ossos e carnes putrefatas. Certa feita, eu desisti de prosseguir por certo caminho, pois, em lugar de achar o término da viela em que trafegava, notei que me encontrava dentro de um túnel imundo, onde impiedoso e sarcástico gênio do mal divertia-se em revestir as paredes com os corpos astrais de criaturas fugitivas de hospitais de cancerosos e leprosários terrenos, reproduzindo aspectos os mais asquerosos e gemidos os mais cruciantes.

Os venenos do psiquismo enfermo vertiam pelas suas chagas repulsivas, enquanto os seus clamores lancinantes me feriam os ouvidos angustiados. Entretanto, compreendi que só aquele processo hediondo e bárbaro seria capaz de expurgar-lhes os tóxicos que se haviam acumulado pelo desenfreamento dos seus espíritos no culto excessivo da vaidade, do orgulho, da prepotência ou da crueldade.

PERGUNTA: — Mas essas criaturas permanecerão definitivamente desamparadas nessa cidade tenebrosa, ou serão mais tarde recolhidas a algum estabelecimento hospitalar? Embora se trate de uma comunidade de natureza inferior, não se faz ali, pelo menos, esforço no sentido de profilaxia ou assistência saneadora, para efeito da sobrevivência dos demais moradores?

ATANAGILDO: — De princípio, não percebi nenhum serviço organizado para se chegar a tal solução; aliás, convenci-me de que não havia qualquer possibilidade de êxito nesse sentido, em face da vultuosidade das tarefas de assistência a serem criadas. Acresce que os seus administradores só cuidam dos seus próprios interesses e de seu "clã" familiar, assim como o fazem muitos políticos na Terra. A solução acertada ainda será, por muito tempo, a drenagem natural e espontânea das toxinas contidas nos perispíritos dos infelizes estropiados, até que os mais merecedores possam se movimentar para zonas onde existem postos de socorro espirituais, ou então sejam recolhidos pelos enfermeiros benfeitores, que operam nas adjacências das sombras à cata de almas sofredoras.

Quando mais tarde penetrei no interior da cidade, vi que

centenas de farrapos de figuras humanas, exaustas da caminhada à procura de sedativo e de esperanças, penetravam em arremedos de edifícios rasteiros, repulsivos e de cores escuras, terrosas, que mais se pareciam a certas habitações árabes, servidas por uma só porta baixa e retangular.

Outros seres gemiam e choravam, tentando se arrastar para dentro dessas tocas de piso sujo, pantanoso e esverdeado, mas eram expulsos a gritos e pancadas, do seu interior, onde já se aninhavam homens e mulheres aos magotes na mais execrável promiscuidade e completo desrespeito pelo pudor humano.

Havia seres de borco, nas ruas, com os lábios na lama nojenta, à semelhança dos bêbedos atirados nas sarjetas do mundo terreno; outros não passavam de sórdidos trapos vivos, completamente esgotados até a última gota de vitalidade, vítimas de execrável vampirismo, que considero prematuro e horripilante vos relatar.

O caminho que me propusera seguir, para alcançar o perímetro central, obrigava-me a cuidadosa atenção, pois sentia-me tão apiedado daqueles seres infelizes, que não desejava pisar-lhes os corpos chagados, que vertiam um líquido negro e pegajoso.

Compreendi que, naquele ambiente pestilento e inundado de sufocantes emanações gasosas, nem a minha vontade ou a força mental mais vigorosa conseguiria me auxiliar a volitar, como o fazia tão naturalmente nas regiões desimpedidas de fluidos densos e naturais dos planos elevados. Naquele caos de impurezas causticantes, não seria possível elevar o meu perispírito e dirigi-lo seguramente sobre a cidade impregnada de cinza nociva e de magnetismo tão opressivo.

E se eu desmaterializasse o traje de fluidos densos, que inalara e absorvera para tornar compacto o meu perispírito, terminaria perdendo o contato com o meio-ambiente, sendo atraído naturalmente para o meu plano vibratório, mais sutil, da metrópole do Grande Coração. Então envidei todos os esforços disponíveis, de boa vontade e energia mental, avançando cuidadosamente por entre aquela mole humana, que calculei muito além de milhares de seres abatidos ao solo como o gado no matadouro.

PERGUNTA: — Encontrastes aves ou animais nessa cidade de espíritos rebeldes?

ATANAGILDO: — Defrontei com enorme quantidade de animais de porte reduzido, de formas excêntricas, alguns parecidos às ratazanas, de cor indefinível e cauda de escorpião, além de dezenas de outros tipos que se assemelhavam mais a répteis, alguns de barbatanas móveis e outros de pequenas trombas coleantes, com que vampirizavam os infelizes ali caídos. Enxameavam as mais absurdas espécies aladas, extremamente repelentes em suas configurações, cores e movimentos, ante as quais o feio morcego terrestre se torna um pássaro cativante.

Tanto os animais de formas mirradas, como as aves e os insetos aracnídeos, moviam-se celeremente por entre os desgraçados amontoados ao solo, no afã macabro de deglutirem os rebotalhos e larvas mentais, que ainda pululavam em torno da região cerebral daqueles destroços humanos.

Havia um tipo de corvo bravo, saltitante e ousado, muitíssimo esfaimado e impiedoso, que causava torturas aos infelizes, porque, na sua voracidade em devorar as emanações deletérias, espécie de "carniça mental", atirava-se famélico sobre os seres mais esfrangalhados e os feria a fundo, e os mesmos só se limitavam a reagir com alguns uivos lastimosos. Espraiei a vista em torno e reconheci a impossibilidade de resolver tão dantesco problema, pois me defrontava com o mais pavoroso e indescritível quadro de sofrimento, porém absolutamente necessário para as almas se despojarem de suas torpezas e degradações, em conformidade com as leis da química transcendental.

Os venenos gerados pelos aviltamentos mentais iam-se materializando na forma de líquidos viscosos, nauseantes e cáusticos, que atrofiavam órgãos e produziam chagas, enquanto a providência do Criador socorria aquelas criaturas com a terapia voraz dos insetos, aves e animais de uma fauna demoníaca. Eram horrendos, ávidos e destruidores, porém instrumentos benéficos que, na forma de macabros transformadores vivos, consumiam as larvas e todas as demais criações deletérias produzidas pelo mau uso dos bens santificados da vida humana.

PERGUNTA: — Em face do acontecimento tenebroso que descreveis, não existirá, porventura, uma certa crueza da Lei Divina, que só pode curar os espíritos delinquentes desse modo tão atroz? Deus, em sua Infinita Sabedoria, não poderia dispor, em tais casos, de recursos menos drásticos?

ATANAGILDO: — Não se trata de punições deliberadas por Deus, aplicadas aos seus filhos pervertidos ou doentes de espírito, mas, apenas, de um efeito decorrente das leis transcendentais de natureza "químico-astro-mental", que agem sem propósitos punitivos, servindo-se de formas vivas asquerosas para consumir venenos perigosos àqueles que os geraram em si mesmos.

Assim como criou o urubu terrestre, que ainda goza a fama de ser o maior sanitarista do mundo, a Providência Divina faz criar essas espécies repugnantes nas regiões astralinas empestadas pela mente humana, as quais depois se tornam benfeitoras, porque limpam o ambiente sórdido desses subúrbios completamente cheios da mais extrema miséria do psiquismo humano envenenado. Se assim não fora, até os abnegados benfeitores não poderiam permanecer ali pelo tempo suficiente para socorrer as almas que já houvessem purgado suas mazelas, lavando-se no tanque das lágrimas do sofrimento purificador.

Assim como as coletividades microbianas destroem os tecidos putrefatos no seio da terra amiga dos cemitérios do orbe, essas espécies astralinas, deformadas e vorazes, que se alimentam das emanações do psiquismo enfermo, impedem que se petrifique indefinidamente um mundo pavoroso, no Além.

O incessante aumento de matéria mental denegrida ocasiona no Mundo Astral as mesmas consequências produzidas pelas lavas vulcânicas, que depois formam no vosso mundo uma crosta resistente às mais aguçadas ferramentas.

Depois que retornei de minha primeira visita à região do Astral inferior e, quando ainda revia mentalmente os subúrbios habitados pelos espíritos impuros, não pude deixar de louvar aquelas pequeninas feras aladas e répteis famintos, que se saciavam sobre os "mortos-vivos" a tresandarem venenos e substâncias repugnantes. Atendendo a providencial serviço em favor da alma humana, tais aves e animais ingeriam as larvas, miasmas e rebotalhos mentais denegridos para, depois de transformados, os devolver à circulação como energias que, tendo sido mal aproveitadas, tornavam a se libertar para o consumo comum. Enquanto se submetiam à terapêutica daquela vertência tóxica benfeitora, muitos daqueles infelizes aviltados já estariam se acusando intimamente e, talvez, recebendo as bênçãos do remorso e do arrependimento.

PERGUNTA: — Não há nessa mórbida cidade alguns transeuntes suficientemente piedosos, que socorram de vez em quando alguns desses infelizes torturados pelos animais, corvos e aves astrais?

ATANAGILDO: — Já avaliastes, porventura, o grau de nobreza, de piedade e de renúncia dos presidiários afinados pela ferocidade das mesmas paixões aviltantes e ainda algemados entre si por crimes semelhantes quando se digladiam pelos mesmos interesses egocêntricos?

Os que trafegam pelas ruas imundas, entre os farrapos humanos, também são moradores da mesma cidade dantesca e que, depois de haverem decantado os venenos do seu psiquismo subvertido, preferiram filiar-se às hostes malignas e obsessoras de encarnados, ao invés de encetar a marcha redentora para o Bem.

Muitos são rebeldes, que vagam sem rumo, e ainda se divertem ao ver nos outros o que lhes sucedeu anteriormente. Então, em lugar de se arrependerem, juntam-se a grupos de sarcásticos, malfeitores e perversos, que comumente se entretêm em aumentar o sofrimento dos infelizes combalidos, no jogo macabro de descobrir, detrás daquelas máscaras humanas e torturadas, as mesmas criaturas que brilharam nos salões festivos, as mulheres famosas, as cortesãs perigosas, os políticos venais, os ricos avarentos e as autoridades que abusaram do poder depois de haverem reinado num mundo de vaidades e cobiças.

Deparando com cenas abomináveis, em que criaturas subvertidas, mas filhas do mesmo pai, se entretinham em dilatar os padecimentos e as humilhações de seus próprios irmãos em espírito, não pude deixar de me lembrar das velhas oleogravuras da Igreja Romana, quando retratam as figuras das almas pecadoras, freneticamente torturadas por bandos de demônios com os olhos incendiados pela volúpia e pelo mais brutal sadismo. Efetivamente, diante de mim se prostituíam as mais nobres qualidades do ser humano ao verificar que os outros miseráveis, egressos do mesmo lamaçal de vícios e aviltamentos, ainda usufruíam do abominável prazer de esvurmar as chagas das vítimas caídas a seus pés e que inutilmente lhes bradavam por piedade.

Depois de saciados os seus impulsos homicidas e cessadas as suas explosões de ódio gratuito, aqueles seres cruéis sumiam-se pelo nevoeiro, em bandos satânicos e gargalhadas sinistras.

Embora alguns espíritos socorristas, descidos do Alto, trafeguem pelas ruas contaminadas, com a intenção de acudir a esses infelizes rebotalhos vivos, não o podem fazer de modo a despertar suspeitas e, por isso, fingem muitas vezes ignorar o que lhes acontece em torno, até surgir uma oportunidade de serem úteis. O principal papel que lhes cabe não é o de impedir o processo natural da purgação psíquica inadiável e tão necessária aos infelizes, mas sim o de examinar aqueles que já se apresentam em condições de ser internados nos estabelecimentos de socorro das comunidades astrais benfeitoras.

PERGUNTA: — Diante das reflexões que nos ocorrem neste momento, desejaríamos saber se estes relatos mediúnicos, quando publicados para a leitura comum, não poderão causar perturbações e temores, torturando a imaginação de muitos seres?

ATANAGILDO: Conseguireis, porventura, resolver essa angustiosa situação de Além Túmulo, tentando apenas ignorá-la? O avestruz pensa que se livra do perigo, só porque, ao ser ameaçado, se socorre do recurso tolo de enterrar a cabeça na areia. Ao invés de alimentar essa improfícua e deliberada ignorância de um assunto tão grave, é muitíssimo melhor que se diga toda a verdade, mesmo em sua crueza e repugnância, para que mais tarde, aqui deste lado, os desencarnados não se justifiquem queixando-se do seu profundo desconhecimento das consequências pavorosas do desprezo das virtudes da alma. Lamento que a pobreza da linguagem humana e a insuficiência do médium que me serve, me impeçam de vos descrever a exata realidade, com todos os seus pormenores de barbarismo, degradação e satanismo, que são muitíssimo comuns às almas desviadas da rota benfeitora e da vida educativa espiritual.

Nem por ocasião das invasões bárbaras, ou da pirataria dos mares do século XVII, quando à vida humana se dava menos valor do que o da mais ínfima moeda, se apresentaram quadros tão angustiosos e dores tão vivas como as que tenho notado no mundo doentio e subterreno do Astral inferior, onde almas desesperadas e criminosas se digladiam nas mais indescritíveis orgias de padecimentos e torpezas morais.

Atendendo às solicitações mais altas, tentei descrever-vos algo do cenário torturado e pavoroso das regiões inferiores, onde as almas delinquentes são apanhadas na rede dos valores execráveis e abomináveis que, pela sua invigilância, rebeldia e desrespeito, põem em circulação contra o sentido criador e benéfico da vida humana.

Oxalá estas despretensiosas descrições possam realmente causar temores sinceros e apavorar os espíritos imprudentes, fazendo-os se renovarem em tempo, pelo abandono dos despojos provisórios que furtam à miséria humana, assim como abrandar-lhes o coração endurecido e afastá-los da cupidez, da avareza, do egoísmo e demais paixões devoradoras.

No entanto, como conheço bastante a alma humana, sei que esse temor será apenas provisório e sem a força suficiente para produzir as modificações espirituais tão desejadas, coisa em que mesmo a voz sublime do Cristo, infelizmente, ainda não logrou o êxito completo.

Organizações do mal

PERGUNTA: — Os espíritos malfeitores que habitam as zonas trevosas, do Astral, vivem em comunidades organizadas e operam disciplinadamente?

ATANAGILDO: — Nas regiões trevosas existem vários agrupamentos diabólicos, disciplinados, que se devotam a sombrias tarefas e buscam se assenhorear de todas as almas que estão desamparadas na travessia do túmulo; agem impiedosamente e são exímios no emprego da hipnose malévola contra os encarnados incautos.

Eles se situam nas zonas de substância astral que melhor lhes favoreça a prática de torturas e de punições indescritíveis para com as almas desamparadas e perturbadas pelas suas mazelas trazidas da vida humana. No comando dessas organizações sombrias permanecem os cérebros mais experimentados nas maiores torpezas e crueldades, pois tramam toda sorte de empreitadas com o fim de conseguir o domínio completo do Astral das regiões inferiores do mundo terráqueo. Dizem os nossos maiorais que, desde os pródromos da Atlântida, muitas dessas coletividades das sombras tentam assumir o comando psíquico da Terra e expulsar definitivamente as hostes do Cordeiro Jesus do seu campo de ação benfeitora.

Proclamam que o "reino dos céus" deve pertencer aos anjos, mas que o "reino da Terra" é o império dos homens. Consideram as entidades angélicas como intrusas que intervêm em suas vidas sombrias; então hostilizam-nas, por considerarem-nas almas privilegiadas e eleitas de um Deus que deserdou outros filhos dos bens espirituais.

A fim de conseguirem realizar o seu programa de completa ação contra as influências do Alto, esses maiorais das trevas não mantêm respeito algum, nem admitem qualquer contemporização para com os espíritos orientados pelo Cordeiro Jesus. Lançam mão de todos os subterfúgios, crueldades ou hipocrisias para o êxito de suas idéias maquiavélicas que, apesar de todos os fracassos, sempre lhes renascem mais fortes e com maior esperança futura. Incalculáveis multidões de rebeldes, desesperados, movem-se ativamente nas regiões sombrias do Astral, onde já constituíram inúmeros agrupamentos, que se opõem decididamente às comunidades dos espíritos superiores e tentam impedir-lhes as doutrinações e o socorro às suas vítimas.

Mas, embora se trate de organizações disciplinadas, não passam de ninhos de malfeitores dominados por ferozes ambições, desejos de desforras e inveja recíproca, alimentando incessantes conflitos, entre si, pela própria cupidez que reina entre eles. Daí o motivo razoável por que o Mal, mesmo quando devidamente organizado, não consegue êxito em suas intenções subversivas. A Paz e o Bem só podem existir entre aqueles que já renunciaram às paixões e aos tesouros tolos da vaidade e do orgulho humano.

PERGUNTA: — Como poderíamos compreender melhor essa empreitada organizada do Mal?

ATANAGILDO: — São poderosas organizações malignas, mas que terão existência temporária, embora algumas delas estejam em atividade desde os pródromos da vossa atual civilização. As grandes e trágicas modificações de "fim de tempos", que se aproximam celeremente, modificarão a Terra em sua vida comum, higienizando-lhe também a aura "etéreo-astral", pela seleção espiritual à "direita" do Cristo, o que representará um dos mais profundos golpes do Alto nas organizações diabólicas do Astral inferior, pois elas serão desalojadas de suas fortalezas e do seu clima favorável no Astral da Terra, terminando entontecidas e desamparadas nas ruínas dos seus planos inexequíveis contra a Lei Superior.

Por enquanto, essa empreitada rebelde obedece a um

extenso e metódico programa elaborado há muitos séculos pelos mais poderosos gênios galvanizados no Mal.

Esses espíritos vos espreitam continuamente, no mundo físico, tentando embargar todos os esforços dos espíritos benfeitores na defesa e na inspiração superior aos encarnados. Por isso, mesmo no momento em que vos dito estas palavras, há um círculo de proteção em torno de mim e do médium, a fim de que eu vos possa contar, sem perigo, certas coisas que de modo algum lhes conviria que a Terra soubesse...

Enquanto as pontas dos seus fios magnéticos vos rodeiam, quais tentáculos, aguardando o menor descuido evangélico para vos enlaçar na hipótese da sugestão maléfica, os magos negros se movimentam no reino das sombras, assim como certos peixes na sua moradia de água lodosa.

PERGUNTA: — Quando falais em "organização" entre esses espíritos trevosos, quereis dizer que existe, realmente, um plano eficiente e disciplinado nas suas atividades malignas?

ATANAGILDO: — Além de um inteligente programa previamente estabelecido, eles mantêm certa disciplina, que às vezes se torna bastante férrea entre os seus próprios sequazes. Nas regiões inferiores há escolas que estudam e esclarecem o mecanismo psicológico da alma encarnada, com muito mais largueza de conceitos e conhecimentos psíquicos do que a conseguida pelo mais abalizado psicólogo terreno. Exímios cientistas subvertidos ao mal empreendem longa auscultação psíquica sobre as criaturas encarnadas, a fim de catalogar as suas vulnerabilidades e mais facilmente se assenhorearem dos seus corpos astrais, assim que elas abandonem a sepultura terrena. Entregues à cobiça pelos tesouros do mundo terreno, muitos encarnados, inconscientes de seu mau proceder, mal sabem que, por meio de seus desejos desregrados, terminam negociando suas almas com os professores das trevas que, em troca, lhes ministram lições de domínio, de prepotência, luxúria ou crueldade.

Eles se interessam muito pelas pessoas escravizadas aos vícios mundanos, assim como aliciam os verdugos da Terra para aumentar a mole de almas que, no Astral inferior, são utilizadas nos serviços mais repulsivos e nas tarefas mais atrozes, fortificando a sistemática rebeldia contra a Administração Sideral do Cristo sobre o vosso mundo.

A velha lenda do homem que vendeu a alma ao Diabo expressa bem o que se passa em vosso mundo, pois não é pequeno o número de desencarnados que já saem dos túmulos como "propriedade" de algum senhor das trevas ou então são reclamados imediatamente por falanges negras, que alegam tê-los ajudado na Terra. Se o Mal não estivesse tão bem organizado nas regiões do Astral inferior, há muito tempo já teriam sido dispensadas as empreitadas sacrificiais dos espíritos benfeitores, que permanecem em luta corajosa para manter a segurança e o progresso espiritual no vosso mundo.

PERGUNTA: — Mas, então, existem espíritos malignos, com o privilégio de poderem se vingar e dominar almas incautas e desgraçadas, sem que lhes seja imposta a retificação pela Lei do Carma, para reeducá-los espiritualmente? Isso não poderá justificar a versão do "Diabo" com poderes discricionários?

ATANAGILDO: — Não esqueçais do que vos disse antes: tudo não passa de situações temporárias. Na Terra, o criminoso primário não passa de uma vítima dos seus impulsos incontroláveis e emotivos ou, então, é um instrumento tolo sob a direção de malfeitores mais experimentados, que dele se servem para concretizar suas façanhas e vinganças. Mas, com o decorrer do tempo, esse delinquente primário termina assumindo o comando dos seus próprios atos e transforma a sua delinquência passiva ou acidental num motivo de rebeldia contra a sociedade e as leis organizadas. À medida que a justiça humana o persegue e o apanha, mais ele se torna feroz e se avilta propositadamente no crime, odiando todos aqueles que o fazem cumprir as penalidades determinadas pela Lei. Daí a origem comum do caudilho, do cangaceiro chefe ou do mentor maquiavélico, que pensa, organiza e dirige até o dia em que possam encarcerá-lo de uma vez, ou que seja ele liquidado no entrechoque das mesmas paixões detestáveis que semeou.

Nos planos do Astral inferior há fácil adaptação para os espíritos de corações endurecidos que, por isso, terminam se afeiçoando definitivamente ao meio deletério, para onde primeiramente foram degradados para o sofrimento retificador. Acostumam-se tão facilmente às sombras, quanto os batráquios se afinam ao gás de metano dos pântanos; então, passam a reagir com violência a qualquer solicitação do Alto que lhes demande esforço e renovação espiritual. Não desejam se ajustar voluntariamente ao mecanismo da reencarnação e, pela sua mente bastante poderosa, conseguem subtrair-se por longo tempo a descida à carne, pois isto lhes traria humilhações e sofrimentos através do necessário reajuste pelas dores humanas. Consideram-se deserdados dos bens divinos e castigados por serem antipáticos à causa divina. Daí a sua deliberada e feroz resistência contra as forças do Bem, pois, por terem purgado nos charcos grande parte de suas torpezas milenárias, sentem-se extremamente feridos no seu orgulho, só porque a Lei os atingiu pelo próprio efeito do seu magnetismo nocivo.

PERGUNTA: — Esses espíritos trevosos escapam, então, à ação do carma — acontecimento que nos parece ilógico, revelando haver uma deficiência na retificação espiritual obrigatória?

ATANAGILDO: — Não há tal, visto que são almas endurecidas que, desde tempos imemoriais, pelo seu orgulho e sua rebeldia sistemática contra a Luz, simbolizam a figura de Lúcifer, pois preferem "cair" satanicamente no reino das trevas do Astral inferior, a fazerem qualquer acordo pacífico ou sacrificial com as luzes do Senhor. É o amor-próprio da velha figura humana do "Anjo Decaído" que as lança contra o seu Magnânimo Criador, engrossando fileiras das comunidades onde também se vitimaram e sofreram sob a sanha de outros impiedosos irmãos rebelados.

PERGUNTA: — Mas, desde que concebemos a idéia de que o Diabo e o Inferno são estados de rebeldia espiritual provisória, será chegado o momento de redenção espiritual para essas almas rebeldes; não é assim?

ATANAGILDO: — Sem dúvida, assim é. Todos os esforços das hostes do Bem, em torno da Terra, têm sido sempre no sentido de redimir as almas rebeldes e salvá-las das trevas de suas próprias iniquidades. Mas não é sensato violentar-lhes a natureza agressiva e cruel, do mesmo modo por que não deveis colher o fruto imaturo. Há que se aguardar o momento psicológico, em que os próprios sofrimentos impostos pela Lei do Carma as façam clamar por socorro e se apresentarem em condições favoráveis para serem socorridas.

Pretender arrancar das sombras essas almas, antes de apresentarem as condições espirituais exigidas para habitar os agrupamentos astrais mais elevados, seria o mesmo que tentar fazer subir o balão que ainda não se livrou do lastro que o escraviza ao solo, ou então libertar feras num jardim onde brinquem crianças desprotegidas. Essas almas purgam entre si os seus desatinos passados, vivendo pessoalmente as mesmas experiências cruéis que criaram; só depois que se reduzem os seus impulsos agressivos e o instinto perverso, é que se podem conhecer as suas novas disposições de espírito para com a vida superior. Mesmo aqueles que se desligam dos charcos purificadores, no término de sua drenagem tóxica, se situam no limiar de dois caminhos: a oportunidade de renovação espiritual no serviço cristão ao próximo ou, então, a deliberação infeliz de ingressarem nas correntes malfeitoras das sombras. Só depois disso é que as comunidades superiores podem socorrer aqueles que se manifestam sinceramente desejosos de operar junto às hostes trabalhadoras do Cristo, pois, respeitando o livre-arbítrio que a Bondade do Pai nos concedeu, nem mesmo para o bem se pode violentar aquele que ainda não o pode cultivar a contento.

PERGUNTA: — Quais os motivos que levam os espíritos trevosos a se organizarem com êxito nas regiões do Astral inferior, a ponto de edificarem cidades e instituições poderosas a serviço do Mal?

ATANAGILDO: — Muitos espíritos que partem do vosso mundo dominados pelos vícios, ou que praticaram crimes os mais aviltantes, tomam por base de vida a sua própria miséria espiritual; não crêem na possibilidade de uma vida diferente e mais feliz, nos planos mais altos, e acham que a única e apreciável ventura reside ainda no prolongamento dos vícios e dos prazeres ao gosto terreno. Acreditam que o tão apregoado "céu", das religiões dogmáticas, não oferece condições atrativas de felicidade humana, não devendo passar de um ambiente de compungimento e orações, sob a férrea proibição do mais diminuto divertimento que o homem tanto aprecia.

Daí se desinteressarem do paraíso dos "eleitos" e das irritantes "contemplações da face de Deus", pois os santificados significam-lhes ostensiva aristocracia espiritual, bastante distante dos párias humanos, que não podem ultrapassar o limiar do Astral inferior. Então só lhes resta o consolo de uma vida de rebeldia e insânia, para amenizar a saudade do mundo terreno que perderam.

Atendendo ao imperativo muito natural, de sobrevivência e, ao mesmo tempo, da exploração dos mais fracos pelos mais fortes, formam-se então comunidades nas trevas e se organizam agrupamentos de "senhores" e "escravos", onde também sobejam os gênios intelectualizados na Terra, a formar a corte dos rebeldes, subvertidos na esfera do sentimento.

PERGUNTA: — São agrupamentos já estabelecidos em suas bases, ou se modificam incessantemente?

ATANAGILDO: — Essas organizações sombrias, que datam dos princípios da vossa civilização, recebem incessante alimento na forma de novos contingentes de espíritos desencarnados, ainda escravos das paixões avassaladoras da carne ou rebeldes ao Bem. Não tardam a alcançar os foros de cidades astrais, possuindo as suas edificações particulares e públicas, departamentos responsáveis por todos os planos subversivos e associações epicurísticas, que se destinam ao máximo cultivo do prazer e das sensações inferiores, onde os poderosos tripudiam sobre as almas infelizes, caídas indefesas em suas mãos para servir de nutrição viciosa e repasto pervertido.

Embora vos cause espanto a revelação, pude identificar ali algumas espécies de conservatórios, ou arremedos de academias, onde se estuda a música, a pintura e outras artes; mas em suas realizações há um sentido de crueza e sadismo, um disfarçado deboche, que é poderoso estimulante psíquico para avivar os sentidos inferiores dos encarnados e propagar na Crosta a atmosfera perniciosa que subverte as mais lídimas expressões de beleza e moral humana. Essas criaturas vivem no Astral o desregramento dos haréns e as suas vivendas conservam todas os requintes dos sultões pervertidos do Oriente.

Há nelas um luxo desregrado e um culto exageradamente afrontoso às formas da vida humana, enquanto se defende a liberdade absoluta de a alma viver do melhor modo que lhe apetece. Esses espíritos advogam um sistema de liberdade puramente existencialista, sem nenhuma preocupação pelo futuro da alma, e afirmam que o "ser" deve existir liberto de qualquer limitação. Mantêm-se em constante atividade subversiva contra os princípios angélicos do Cristo e se consideram definitivamente integrados no seu sistema de vida, que é a mais espontânea e destituída de qualquer compromisso espiritual.

PERGUNTA: — E qual é o fator que favorece esse ajuste de temperamentos e caracteres tão diabólicos e ferozes, a ponto de se organizarem em comunidades disciplinadas?

ATANAGILDO: — Trata-se de fator que não devia ser estranho ao vosso raciocínio comum, pois nasce de mútua necessidade de proteção e ajuda para que mais facilmente se obtenham os elementos e as condições favoráveis às suas paixões insaciáveis. Muitos espíritos, explorados por longo tempo, sob o poder cruel dos verdugos e chefes impiedosos dessas cidades, se degradam a tal ponto que também passam a reforçar as hordas inimigas da ordem e da renovação espiritual. Permanecem estiolados nas suas regiões sombrias e condicionados a um modo de vida rebelde e degradante, sem poder vencer a hipnose dos sentidos adormecidos pelo vício e pelo crime, impermeabilizando-se contra o próprio socorro das falanges de espíritos benfeitores e odiando a luz salvadora. Os mais débeis de vontade permanecem por longo tempo aviltados no servilismo diabólico, sem coragem para abandonar os próprios verdugos que os torturam, mas os alimentam; outros, mais espertos e falazes, emancipam-se no próprio meio deletério, assumem tarefas infamantes e aceitam a função de "vingadores" profissionais, assim como na Terra existem os sequazes ou capangas para o assassinato contratado. E, copiando o que é muito comum ao vosso mundo, esses párias aviltados e que se emancipam no seio das organizações dos seus senhores cruéis ainda se tornam mais malvados e perversos do que os seus antigos verdugos, quando punem os seus companheiros de infortúnio. A história do vosso mundo vos comprova que os mais cruéis carrascos e julgadores impiedosos, que serviram para fazer cumprir a Lei, saíram do meio dos oprimidos. Não ocorria isso no tempo da chibata nos quartéis, na Marinha e entre os próprios escravos do Brasil colonial? Sem dúvida, o Mundo Astral ainda consagra o velho conceito de que "a pior cunha é aquela que sai da mesma madeira".

Muitas das vítimas que são vilmente exploradas no Astral inferior, quando conseguem guindar-se às posições de mando, nessas organizações tenebrosas, excedem-se em torturas e perseguições odiosas aos próprios companheiros infelizes recém-chegados, que também tombam desamparados nas regiões inferiores. Parodiando um conceito muito conhecido no vosso mundo, posso dizer que no Astral também se comprova que "o homem explora o próprio homem" na ignominiosa escravidão das paixões aviltantes.

PERGUNTA: — Supondo-se que esses espíritos das sombras pudessem conhecer a realidade venturosa dos planos superiores, eles não se decidiriam, porventura, a abandonar essas comunidades diabólicas? Diante do encanto da angelitude e vislumbrando sua futura felicidade, não seriam capazes de se converter ao Bem?

ATANAGILDO: — Se os próprios encarnados que nos intervalos das reencarnações já entreviram as primícias do paraíso e naturalmente reconhecem que o Evangelho do Cristo é a única salvação para o homem ainda persistem nos vícios e nas paixões destruidoras, guerreando-se em combates sangrentos por uma Paz erigida à base de homicídios, não creio que a inesperada revelação do céu possa converter ao Bem as orgulhosas comunidades das trevas. As trevas, na realidade, originam-se principalmente na intimidade do espírito subvertido, e só depois do processo compulsório da dor e do sofrimento purificadores, é que então realmente se rompem os grilhões da animalidade inferior e se favorece a eclosão da luz, como o divino combustível que alimenta a ascensão angélica.

Os "charcos" de fluidos nocivos no Astral Inferior

PERGUNTA: — Em vossas comunicações, costumais aludir frequentemente ao fato de fluidos perniciosos e emanações mentais da humanidade terrena formarem atmosfera perniciosa no Astral. Como poderemos compreender esse fato, dentro da nossa capacidade humana?

ATANAGILDO: — Embora muitas pessoas possam descrer das revelações que vos faço, resta-me a esperança de que chegará a hora implacável de descerem ao túmulo silencioso do cemitério, quando então verificarão a procedência dessas revelações e a sinceridade com que as faço. É apenas questão de tempo e de paciência, pois os que desencarnarem depois de lerem estas revelações mediúnicas hão de verificar que a coisa, aqui, ainda é muito mais complexa e arrepiante do que tudo que me aflijo em descrever pelas mãos do médium desconfiado...

Aqui comprovamos positivamente os variados efeitos decorrentes das condições mentais perniciosas que dominam encarnados ou desencarnados, através do exame das cores que as suas auras apresentam, em halos de luz pálida, quase em torno da região mental ou condensados à altura da zona cordial.

Quando os espíritos vibram em afinidade com certas regiões do Astral inferior, numa frequência profundamente aviltante, mais se assemelham a usinas vivas, produzindo matéria deprimente, que as aves e os animais ali sediados devoram e transformam em seu ventre famélico, libertando novamente as energias de que os humanos se serviram para fins ignóbeis ou violentos.

As emanações mentais, a que vos referistes na vossa pergunta, são constituídas de figuras ou de manchas vivas, de aspecto gelatinoso às vezes, muito se assemelham a finíssima parafina viscosa, de um colorido escuro e sujo, agitando-se sob o impulso da mente que as criou. Elas são providas de movimentos súbitos, larvais ou ofídicos, como se fossem agitadas por deslocamento do ar; por vezes são de formas grotescas, iguais a minúsculos morcegos ou pequeninos polvos de tentáculos finíssimos e movimentos vermiformes. Depois de criadas pela mente enfermiça, elas procuram polos simpáticos, onde tentam fixar-se definitivamente, nas condições de vida parasitária. Mas não tardam em ser atraídas por outras criaturas que "pensam" na mesma faixa vibratória desregrada então se encorpam, criam ânimo novo e se ajustam ao halo mental dos seres imprudentes que as atraem para, em seguida, acicatarem maior produção de substância igual, das quais procuram nutrir-se para a continuidade de uma vida efêmera e execrável.

Algumas vezes em que pude perscrutar o halo mental de certas criaturas desregradas, através do meu poder psíquico visual, tive a mesma impressão que teria um laboratorista que se utilizasse do microscópio e investigasse a gota d'água trazida do pântano. Ali se moviam as mais indescritíveis formas de larvas, lampreias, elementais ou amebas fluídicas, que haviam sido produzidas pelos pensamentos impuros e pelos detestáveis sentimentos das almas delinquentes.

PERGUNTA: — Poderíeis nos esclarecer melhor qual o motivo por que a natureza dos reservatórios de substâncias deletérias mentais servem de atração para aves, animais e répteis do Astral inferior?

ATANAGILDO: — Trata-se de zonas densas para onde se canalizam mais diretamente as energias subversivas, em suas formas elementais, quando ainda possuem grande vitalidade. Sendo de configurações repelentes, chegam a provocar a voracidade das feras e das aves astrais.

Embora a natureza do baixo Astral guarde uma semelhança geral entre si, usamos certa nomenclatura para melhor distingui-las e situar algumas diferenças de importância entre elas para nossos estudos, assim como nomeais vales, grotões, encostas, coxilhas, vargens ou desfiladeiros, embora sejam configurações do mesmo solo. Nesses reservatórios se recolhem o lixo e os detritos mentais e emotivos que sobejam na atmosfera terrena, pois, em face da baixa vibração do meio, os produtos do pensamento e das paixões aviltantes dos encarnados precipitam-se nesses vales sombrios e densos.

Em torno das regiões onde se aglomeram os habitantes de um país, ou mesmo de uma cidade ou lugarejo, também se formam "zonas atrativas", do Astral inferior, congregando-se nelas as substâncias consumidas no uso e abuso das paixões e dos pensamentos deploráveis, que se transformam em reservatórios astralinos ou então em charcos pestilenciais. E, conforme a paixão predominante na coletividade, esses reservatórios assemelham-se a águas estagnadas, onde proliferam germes nocivos e se criam formas parasitárias, grotescas e coleantes, que se alimentam das energias pervertidas e ofertadas pela mente encarnada. Daí provocarem a aproximação de tipos especiais de aves, animais, répteis ou outros seres astralinos, que buscam a substância afim ao seu tipo e metabolismo, como acontece no clima mórbido do organismo físico, onde se desenvolvem os bacilos de Koch, de Hansen, ou os espiroquetas de Schaudin, provocando surto de tuberculose, lepra e sífilis. É ainda a lei da atração, funcionando equitativamente no seu ritmo de simpatia. Se a água dos pântanos atrai as bactérias infecciosas é óbvio que o roseiral florido se torna o ninho de borboletas e beija-flores.

PERGUNTA: — Tendes feito referência a "cores" e a "halos" dos espíritos ao tratardes de emanações mentais nocivas. Poderíeis nos explicar melhor o que vem a ser isso?

ATANAGILDO: — Há que se distinguir entre cores luminosas e cores turvas; cores claras e cores escuras. Se vos fosse possível conhecer o halo mental de um espírito do quilate de Francisco de Assis ou de Buda notaríeis que a luz poderosa que deles emanava era capaz de destruir e carbonizar qualquer expressão deletéria ou "pensamento-forma" inferior, que porventura tentasse se infiltrar em suas mentes buscando alimento mórbido ou vida parasitária. É por isso que os espíritos maldosos, sediados no Astral inferior, ficam apavorados diante da luz fulgurante dos espíritos angélicos, pois essa luz põe a descoberto a epiderme dos primeiros, crestada pelas aderências e substâncias nocivas que foram ali petrificadas sob o descontrole mental e a perversão emotiva.

A lenda sempre configura Satanás acovardado diante da luz de Miguel Arcanjo, porque esta é flamejante e descobre todos os pensamentos deletérios do espírito inferior. A própria idéia do Inferno tem o seu fundamento na purificação pela luz, significada na purificação pelo fogo, e deve ter nascido dos sofrimentos periódicos que são provocados pela intervenção dos técnicos siderais, quando lançam chamas etéricas sobre os vales e abismos purgatoriais, a fim de proceder a desintegração profilática das substâncias venenosas que tornam o ambiente demasiadamente pestilento e cerceiam o próprio progresso da vida astral.

Talvez ainda guardeis em vossa retina espiritual o quadro horroroso dessa purgação dolorosa, porém indispensável, a que já vos submetestes alhures, quando também engrossáveis a fileira dos rebeldes contra os princípios do Bem.

Daí, pois, a grande significação do fundo luminoso nos halos mentais e nas auras dos espíritos. Não vos posso descrever a infinidade de matizes coloridos que existem de um extremo a outro na escala cromática sideral, nem tampouco explicar todas as cores que se produzem nas emanações deletérias, oriundas das paixões e dos pensamentos desvirtuados do ser humano, porque não encontro vocábulos para isso no cérebro do médium que me serve.

PERGUNTA: — Mas poderíeis nos descrever, embora de um modo geral, as principais cores produzidas pelas faltas mais comuns da humanidade?

ATANAGILDO: — Já que insistis, tentarei vos dar uma rápida noção sobre o que indagais, descrevendo apenas as tonalidades principais da aura humana, tendo por base as cores que conheceis. A maioria dos prevaricadores religiosos que traem os seus votos ou se desviam de suas responsabilidades espirituais possui na aura um fundo azul-sujo; a malignidade e a crueza, quando chegam às raias da impiedade, costumam se denunciar por vastas nódoas nigérrimas, salpicadas de vermelho-sangue; a licenciosidade, a luxúria ou o desvirtuamento sexual fazem brotar na aura do indivíduo matizes de sangue sujo, por vezes cor de salmão ou rosa-escuro tisnado por uma fuligem arroxeada, que os teosofistas conhecem como sendo a combinação colorida da paixão amorosa degradada. Sempre tenho identificado a avareza por um verde-ardósia e o egoísmo pelos matizes pardos, enquanto a cólera, a raiva, o ódio, se projetam em tom escarlate, como vivíssimo incêndio que, à distância, se emoldura de um negro fumarento.

Os sentimentos pessimistas também se revelam em cores mórbidas, pois, enquanto o medo inunda a aura humana de um amarelo cadavérico, a melancolia e a tristeza produzem manchas violáceas e tons de um roxo escuro.

Ofereço-vos apenas um rápido bosquejo do assunto, visto que a maioria das cores classificadas no Astral não possui matizes equivalentes na ciência e na visão terrenas. Entretanto, recordo-me de haver encontrado na minha última existência terrestre várias obras espíritas, esotéricas, teosofistas e iogues que me auxiliaram bastante para que entendesse a minha situação de agora, como desencarnado liberto no Plano Astral, e pudesse compreender estas e outras coisas. E confesso que muitas obras criteriosas, que havia compulsado na Terra, ajustavam-se satisfatoriamente à realidade da maioria dos acontecimentos com que me defrontei após a morte do corpo físico. Daí, pois, a minha pequena contribuição para vos orientar a respeito de certos assuntos, porquanto estou certo de que, à medida que vos desvencilhardes das estreitezas de seitas e condicionamentos separativistas, haveis de encontrar facilmente toda a messe de ensinamentos e obras que porventura sirvam para ajudar-vos a entender a sabedoria ilimitada do espírito e a técnica da vida cósmica.

Não penseis que o enquistamento doutrinário e o pessimismo contra outros movimentos espiritualistas, fora do vosso ambiente simpático, possam colocar-vos em condições de saber melhor o que seja a alma e suas vidas futuras. Só o cômputo de todos os ensinamentos criteriosos e dos descobrimentos feitos pelas principais correntes reencarnacionistas é que poderá habilitar-vos a conhecer melhor o que seja o espírito e a sua trajetória rumo ao Infinito.

PERGUNTA: — Desejaríamos saber se os charcos de fluidos pesados e agressivos do Astral inferior são lugares adrede preparados para expiações por parte de espíritos rebeldes?

ATANAGILDO: — Até hoje não me consta que os técnicos espirituais hajam criado lugares especiais para mortificação das almas degredadas; o que tenho comprovado é a existência de zonas fluídicas, aproximadas da Terra, que sofrem com mais violência o efeito dos pensamentos desregrados dos encarnados. Nessas zonas acumulam-se energias astrais inferiores e profundamente absorventes e que, à minha visão espiritual, se apresentam na forma de lagos densos, acinzentados, lodosos e móveis, com um aspecto de estranha irascibilidade.

Os infelizes que se situam nessas regiões não foram encaminhados para eles por ordens superiores, mas sim em virtude de uma atração natural, justa e até muitíssimo útil, pois esses vales de lama astral se constituem de substâncias corrosivas e repugnantes, mas se tornam verdadeiras "estações terapêuticas" e de profundo benefício para as almas corrompidas. Vim a saber que o lodo nauseante e insuportável, que provoca pavorosos sofrimentos nos espíritos delinquentes, também possui a louvável propriedade de absorver-lhes os venenos mais compactos, que se lhes incrustam no perispírito e que foram gerados pela invigilância e descaso para com os princípios salutares do Evangelho de Jesus.

PERGUNTA: — Poderíeis recorrer à comparação dessa terapêutica com a usada no nosso mundo, a fim de melhor compreendermos essa expiação que cura?

ATANAGILDO: — Posso comparar a propriedade curativa desses pântanos ou charcos com certos recursos, nem sempre agradáveis, de que lançais mão na Terra, para a cura de enfermidades graves ou socorros de emergência. Quantas vezes não vos sujeitais a incômodos suadores para desintoxicação e equilíbrio térmico do corpo, enquanto doutras vezes tendes de ingerir purgativos desagradáveis ou receber cauterizações e choques elétricos, para o retorno da saúde e o reajustamento do sistema nervoso. No Astral, a morbosidade da alma também exige curativos e intervenções por vezes doloridas e até impiedosas, mas se trata da única maneira prática e científica de se poder remover a causa maligna da enfermidade espiritual, sob o regime da própria lei de correspondência vibratória, em que "os semelhantes atraem os semelhantes".

PERGUNTA: — Supondo-se que essas almas não pudessem ser submetidas à ação desses pântanos, quais seriam para elas as prováveis e resultantes consequências?

ATANAGILDO: — Suceder-lhes-ia o mesmo que deveria ocorrer convosco no caso de possuirdes dolorosos tumores pelo corpo, cujo alívio dependesse de urgente intervenção cirúrgica para drenar a carga infecciosa, mas que vos fosse negada. Sem dúvida, teríeis que sofrer incessantemente e, mais cedo ou mais tarde, seríeis então obrigados a vos submeter a implacável e mais grave intervenção médica. O mais sensato, portanto, seria opinardes pela intervenção dolorosa e não pelo prolongamento indefinido do sofrimento.

Se os espíritos intoxicados pelos venenos deletérios, produzidos pela mente desgovernada, ficassem dispensados desses pântanos curadores, teriam de vagar enlouquecidos por dezenas ou centenas de anos, sem qualquer alívio ou progresso. As toxinas que se produzem no exercício do psiquismo desregrado circulariam continuamente pela organização do perispírito, lembrando o efeito de um fogo líquido a percorrer as veias humanas.

Os charcos do Astral inferior significam utilíssimas câmaras de esgotamento de substâncias deletérias, pois absorvem do perispírito todo o seu morbo terrível, que é produto do desregramento de espírito no trato com mundos físicos.

PERGUNTA: — Esses espíritos delinquentes são encaminhados diretamente para as zonas dos charcos, à semelhança do que ocorre conosco no mundo físico, quando se providencia a hospitalizarão de enfermos?

ATANAGILDO: — Dá-se o contrário, visto que são atraídos naturalmente e não levados para essas zonas abismais e pantanosas, obedecendo ao princípio muito conhecido no mundo físico como sendo a Lei dos Pesos Específicos... Não há necessidade de um serviço técnico especial para transportar essas almas subvertidas às regiões em que elas se sintonizam por efeito natural da simpatia magnética dos seus perispíritos, assim como se processa a atração da limalha pelo ímã, por causa da existência do elo magnético. Quando os espíritos encarnados preferem se atolar nas paixões e nos vícios degradantes, já são futuros inquilinos dos charcos astrais, pois o corpo físico é apenas a barreira que os protege provisoriamente, mas que não pode neutralizar o elo de simpatia magnética já existente para com a região inferior.

Sob a mesma lei vibratória, aqueles cuja vida na Terra se torna um hino de beleza e ternura já estão intimamente ligados pelo magnetismo elevado e sutil, que os impede de sintonizarem com os charcos nauseantes e ainda os afina às regiões de alta espiritualidade.

PERGUNTA: — Qual a idéia que poderíamos fazer dessas toxinas ou cargas infecciosas que existem no perispírito daqueles que se desregram no mundo físico?

ATANAGILDO: — O homem comum ignora que o seu envoltório de carne é apenas a materialização grosseira do seu próprio molde perispiritual e que preexiste ao nascimento físico. Embora seja de matéria mais sutil e plástica, é o verdadeiro sistema energético que realmente obedece ao comando direto do espírito. Usemos de um exemplo simples, em que a viatura, o cavalo e o condutor simbolizam respectivamente o espírito, a energia e a matéria; em outros termos: o cocheiro representa o espírito, o cavalo a energia ou o perispírito, e a viatura o corpo físico.

Quando o cocheiro pretende movimentar o carro, não é a este que ele chicoteia para fazê-lo mover-se, porém fustiga o cavalo, que é o que realmente move o veículo. Da mesma forma, quando o espírito aciona o seu corpo, não o faz diretamente no seu sistema nervoso cerebral ou muscular, mas atua primeiramente no perispírito, que é o intermediário ou o mediador entre os dois planos, o qual, ao receber o impacto direto do pensamento ou da vontade da alma, reproduz essa ordem movendo o conjunto de carne e nervos.

O espírito projeta a sua ordem mental diretamente sobre o seu veículo mais próximo que, neste caso, é o perispírito interposto entre ele e o corpo físico; o pensamento, como criação dinâmica, encontra no perispírito o seu fiel transmissor para o organismo carnal. Este, por sua vez, é apenas um enorme agregado de entidades microscópicas vivas, que se movem ativamente sob o influxo da mente, que as sustenta coesas. A alma vive saturada de elementos eletromagnéticos, que ela mesma produz, os quais variam tanto em peso como em intensidade, podendo se tornar benéficos ou maléficos, conforme sejam os sentimentos e os pensamentos produzidos pela natureza do espírito diretor. Em consequência, o espírito é sempre um mundo em incessante intercâmbio de forças imponderáveis; ele atrai e repele forças benéficas ou maléficas; alimenta ou aniquila criações mentais de outros seres; acelera o seu campo mental, elevando-o ao nível das inteligências superiores, ou então o abaixa vibratoriamente, atingindo os escaninhos escabrosos das almas enfermas e escravizadas ao magnetismo denso dos seus pensamentos daninhos e trevosos.

A harmonia mental e o equilíbrio evangélico nutrem as energias benfeitoras que circulam pelo perispírito, aumentando-lhe a luz e vitalidade, as quais, por força de sua alta vibração, também fluem para o meio exterior depois de utilizadas em nível mental superior. Mas, quando a alma se degrada na prática de atos aviltantes e exaure suas forças para alimentar a violência ou a crueldade, ocorre um abaixamento vibratório tão nefasto, que se poderia descrever como sendo uma "carbonização" das energias astrais em torno do seu corpo fluídico. No caso da harmonia mental, as energias circulantes representam o "maná" que nutre o espírito em sua dinâmica angélica; mas o desequilíbrio perturba as forças operantes e então surgem os resíduos cáusticos, que depois se depositam na delicadeza circulatória do perispírito, formando uma crosta ácida, coleante e viscosa, que corrói, sufoca e alucina. Eis, então, as toxinas que os pântanos depois absorvem no serviço rude da cura espiritual, processo que resulta em atroz sofrimento para a alma, assim como, no benefício das intervenções cirúrgicas do vosso mundo, a dor está presente, mas sem representar a punição do enfermo.

PERGUNTA: — Existem regiões especiais para cada tipo de sofrimento?

ATANAGILDO: — Embora a alma desencarnada possa se servir das energias e dos socorros que lhe vêm do exterior, o seu verdadeiro mundo é o produto exato dos seus pensamentos, sentimentos e desejos. No seio da vida cósmica, tudo se rege pela maravilhosa lei de atração, pois a afinidade ainda é o segredo da mecânica celeste, visto que aquilo que é amor entre os seres torna-se coesão entre os astros. Daí o motivo por que as criaturas se reúnem por simpatia entre si, tanto na ventura como no sofrimento ou na maldade. Os charcos pestilenciais do Astral inferior são zonas de "absorvência" curativa, que limpam o perispírito da sujeira tóxica que se lhe apega pela malignidade psíquica. O espírito vitimado por tais substâncias deletérias, além das dores atrozes e dos espasmos dantescos, que incessantemente o acicatam, ainda pode ficar privado da faculdade de se movimentar. Então se faz necessária a drenagem contínua dessa escória acumulada em demasia, produzida pela combustão das paixões aviltantes, do mesmo modo como se fosse limpar o lodo das asas do pássaro aflito para voar. Depois da desencarnação, verificamos surpresos que a mais sutil impressão mental do espírito, na carne, sempre gasta um "quantum" de energia que se transfere para a consciência em vigília no mundo físico e, por isso, a sutilização ou condensação do perispírito depende do uso superior ou inferior dessa energia.

As almas se agrupam no Astral inferior por afinidade de sentimentos; lembram, por isso, a afinidade existente entre os malfeitores do mesmo tipo, tão comuns no mundo material, que formam grupos especializados para a prática de determinados crimes. Como há um padrão semelhante e uma disposição psicológica igual entre todos esses espíritos delinquentes, o que os obriga a se reunirem por afinidade, podereis considerar as regiões inferiores como divididas em vales, sob cuja jurisdição purgam os suicidas, os invejosos, os avarentos, os caluniadores, os hipócritas, os luxuriosos, os ciumentos e cruéis. Esses espíritos, além de se purgarem de seus males, evoluem nessa operação profilática, porque além da ação do meio absorvente, que os purifica, o carma os obriga a atritos entre si mesmos para resgate dos mesmos delitos e colheita do que semearam.

PERGUNTA: — Como poderíeis nos descrever, por exemplo, o sofrimento dos avarentos, nesses charcos do Astral inferior?

ATANAGILDO: — A massa fluídica muito densa, desses vales, à semelhança de uma tela cinematográfica, materializa com facilidade os quadros mentais projetados por seus infelizes moradores, fenômeno que os torna mais infortunados ainda. Desse modo, os avaros se digladiam em cruéis sortidas, porque revêem na tela do meio em que atuam as imagens alucinadas de sua cupidez e avareza. O ouro, as moedas, as jóias e os valores titulares do mundo transfiguram-se na lama nauseante ou nos detritos repugnantes que os cercam. Então esses espíritos torturados se debatem furiosamente no lodo repulsivo, tomados de alienação, quais aves recém-engaioladas, ante o desespero de terem sido despojados dos seus tesouros, revividos na loucura astral, que os conserva num cruciante pesadelo. Depois que passam as suas crises, muito parecidas às miragens enganadoras do deserto calcinante, sobrevêm-lhes, então, atrozes desenganos de natureza impressionante. Depois, desenganados pela miragem das coisas vãs, terminam caindo na realidade e verificam, estarrecidos, que as moedas cintilantes e as jóias cobiçadas transformaram-se no lodo viscoso e nos repugnantes detritos dos vales em que se revolvem nauseados.

PERGUNTA: — Podemos pressupor que, após a desencarnação, a nossa visão poderá distinguir criaturas conhecidas nesses vales, se porventura ali estiverem padecendo?

ATANAGILDO: — Não só podereis identificá-las em sua personalidade humana, como presenciar as suas mais acerbas aflições, mas, com isso, correreis o risco de captar as emanações pestilentas de suas auras profundamente intoxicadas... Sem dúvida, existe profunda diferença entre as emanações perfumadas, provindas da rosa fragrante, e as exsudações repugnantes da carne apodrecida.

Pelo que tenho observado, acredito que nenhum heroísmo ou renúncia, no mundo físico, consegue suplantar a abnegação e o esforço incessante dos espíritos benfeitores, que deste lado baixam periodicamente aos charcos, a fim de libertar algumas almas vítimas de ciladas diabólicas e já merecendo o socorro abençoado ou, então, para aliviar o espantoso sofrimento dos mais aviltados.

PERGUNTA: — Não será indiscrição indagar de vós qual o vale do sofrimento que mais vos impressionou no Mundo Astral, em seguida à vossa última desencarnação?

ATANAGILDO: — Embora a piedade já esteja morando em vossos corações é certo que, no Além, melhor vos ajustareis à compreensão da realidade benfeitora para com a mais dantesca expiação da alma. No mundo físico, a ignorância da vida espiritual nos torna excessivamente sentimentalistas, pois desesperamos diante de certas tragédias, infelicidades e catástrofes que, fundamentalmente, são processos eficientes de cura e aprimoramento do espírito enfermo.

Devo esclarecer que, embora nas regiões pantanosas do Astral inferior variem os aspectos de sofrimentos e a intensidade dramática em cada vale de expiação, na essência desses acontecimentos dolorosos o processo sempre faz convergirem os recursos para a cura psíquica e não corporal. Beneficiam-se, pois, tanto os avarentos, sob o sofrimento e as alucinações à cata dos seus tesouros provisórios, como também os egoístas, isolados no mais indescritível silêncio. No âmago de todas essas almas, a dolorosa retificação obrigatória é acelerado processo que só tende para o objetivo da cura do espírito. Acresce que o serviço de socorro a que nos entregamos espontaneamente, em favor desses irmãos infelizes e vítimas de sua própria ignorância espiritual, nos condiciona psicologicamente à realidade benfeitora, nos acontecimentos dantescos, assim como o cirurgião terreno se acostuma, com o tempo, ao seu trabalho profissional, passando a executá-lo calma e eficientemente, certo de que apesar do sofrimento inevitável, o paciente sempre será beneficiado. Para melhor êxito nos nossos labores, somos obrigados a prestar auxílio a esses infelizes que vagam pelas regiões tormentosas de modo tal a não nos deixarmos dominar pelos compungimentos prejudiciais. Embora possamos nos apiedar ante sofrimentos pavorosos, sabemos que a retificação exige urgência, pois, ao contrário, a índole maldosa desses sofredores lhes tomaria novamente o coração, levando-os a praticar outros desatinos e ainda gerarem piores sofrimentos para o futuro.

PERGUNTA: — Sob a vossa opinião atual, quais os delitos humanos que poderão causar maiores prejuízos ao espírito, quando desencarnar, criando-lhe situações as mais atrozes, para a devida retificação espiritual?

ATANAGILDO: — É provável que a minha experiência pessoal não seja a mais credenciada para aferir valores no Mundo Astral; porém duas situações horrorosas, nos charcos, impressionaram-me vigorosamente, pelos estigmas que se gravam no perispírito do desencarnado: a do suicida e a da nefanda profissão de "fazedor de anjos", ou seja, a dos abortadores profissionais. São crimes que geram as mais pavorosas situações no Mundo Astral inferior, assim como estigmatizam terrivelmente o perispírito para as encarnações seguintes, pois em ambos os casos se trata de crime contra a vida.

O suicida interrompe a sua existência, que devia aproveitar até o último segundo de vitalidade, visto que se valeu de uma oportunidade benfeitora para se encarnar, que poderia ser aproveitada por outro espírito também necessitado de nascer na carne.

Aquele que se suicida revive no Astral as cenas que desenrolou sobre si mesmo, na hora da tragédia, ao romper os canais de vitalidade astral que o mantinham em ligação com a vida do corpo físico, devendo sofrer de modo bárbaro e, comumente, até o instante exato em que deveria expirar de forma natural, na matéria, de acordo com o prazo previsto pelos ascendentes vitais do seu corpo físico.

Os abortadores profissionais são os maiores inimigos da vida e os piores carrascos das almas que se afligem para reencarnar. É inimaginável a tortura do ser que perde a bênção de um corpo que lhe destinavam para o seu progresso na matéria e esquecimento do remorso de suas culpas anteriores. Os infelizes "especialistas" do aborto mal sabem que estão depositando sobre os seus ombros um fardo dos mais horripilantes padecimentos para sentir seu peso depois que a morte os libertar do corpo físico. Separados do corpo carnal que ainda os protegia contra a investida direta de suas vítimas, depois sofrerão os mais pavorosos sofrimentos pela turba de almas que foi impedida de renascer, pela prática nefanda do aborto profissional.

Não encontro vocábulos para vos descrever o sinistro destino desses desgraçados, no Além, depois da morte do corpo físico. Nenhuma força consegue protegê-los; e os seus algozes, depois de lhes proporcionarem toda sorte de torturas e pavores, os deixam esfrangalhados, como "trapos vivos", na figura dos personagens da mais horripilante novela jamais criada pela imaginação enferma de um Poe ou Hoffman. Não desejo torturar a mente do médium, nem impressionar-vos com outros quadros dantescos que passam a viver no Astral inferior esses trânsfugas da vida espiritual, depois de passarem pela Terra como tenebrosas parcas ignorantes ou diplomadas que, por um mísero punhado de moedas, ceifam a vida na gestação materna.

Os abortadores profissionais exterminam vidas que foram criadas por outros e, por esse motivo, o prazo de sua expiação ninguém pode determinar, pois isso dependerá muitíssimo do tempo que os seus adversários resolvam torturá-los no Além-túmulo, até se darem por bem vingados.

A linguagem humana não conseguiria descrever o que realmente sucede a esses espíritos infelizes que, depois de haverem curtido no charco purgatorial o seu psiquismo envenenado pelos crimes da vida carnal, ainda deparam com as medonhas e ameaçadoras cataduras daqueles que lhes vigiam os mínimos atos e espreitam-lhes os mínimos pensamentos; nenhuma réstia de luz os alcança, porque, pela natureza do lodo que se lhes agrega à delicadeza do perispírito, precipitam-se naturalmente em regiões impregnadas do mesmo magnetismo de que também são portadores. Mesmo a luz que a vontade angélica lhes projetasse das regiões superiores ser-lhes-ia inócua, em face da substância denegrida que lhes fica aderida ao corpo astral.

PERGUNTA: — Esses espíritos sofrem como os outros, nos charcos do Astral inferior ou são apenas torturados pelos seus adversários vingativos?

ATANAGILDO: — Seria preciso tomar demasiadamente o vosso tempo para poder explicar todo o processo das provações e recuperações dos desencarnados, quando estão comprometidos por delitos contra a integridade espiritual, uma vez que varia imensamente a reação de cada um e também o grau de sua sensibilidade durante o sofrimento. Há espíritos, por exemplo, que, embora estejam onerados na Terra por muitos crimes ou delitos, tendo atraído para junto de si muitas almas vingativas, que por isso os esperam à saída do túmulo, podem cair nas mãos dos seus verdugos sob tal inconsciência das torturas que lhes aplicam, que estes os abandonam a si mesmos por não conseguirem usufruir a volúpia da vingança de serem "sentidos" ou "compreendidos" pelas suas vítimas desencarnadas em tal estado. Trata-se de almas que desencarnam tão intoxicadas pelas suas próprias maldades e torpezas, que demoram longo tempo para despertar a consciência de relação com o mundo exterior. Mesmo que sejam torturadas pelos seus algozes, encontram-se petrificadas no seu mundo interior, no qual sofrem padecimentos ainda bem mais atrozes do que aqueles que lhes desejariam impor os seus próprios adversários. Embora ardendo de ódio e cogitando de outros planos mais satânicos, os espíritos vingativos as abandonam nos vales pantanosos, aguardando o momento em que elas se tornem sensíveis ao exterior, para então exercerem a sua vingança.

Para muitos desses verdugos cruéis e completamente galvanizados no mal, uma das mais prazenteiras volúpias é quando notam os movimentos da presa, que desperta pouco a pouco, para então se defrontar com a terrível realidade do meio repugnante que habita e sentir-se torturada nas mãos dos seus impiedosos algozes.

PERGUNTA: — Qual a natureza do sofrimento desses espíritos "fazedores de anjos" ou profissionais de aborto, quando se situam nos charcos purgatoriais?

ATANAGILDO: — Eu os tenho visto na mais horripilante situação de miséria e estigma espiritual, a que foram condenados pela sua própria tarefa nefanda de extinguir vidas humanas em sua fase embrionária. São adversários da vida, que passaram pelo mundo físico nas figuras de médicos, enfermeiros, parteiras ou charlatões, a destruir tenros corpos concebidos para a encarnação de almas aflitas, do Espaço. Tais espíritos assumem no Astral aspectos inexpressivos e deformados, espécie de massas gelatinosas e teratológicas que se arrastam por um solo negro e viscoso, deixando sulcos e se movendo dificultosamente na forma de larvas humanas. Apenas se lhes percebe, no olhar apagado e nos esforços espasmódicos para se moverem, uma réstia de chama da mesma vida que tanto subestimaram. Exceto a fisionomia torturada, que lhes dá um aspecto bovino e apalermado, o restante dos seus corpos não apresenta forma humana conhecida; lembram mais um verme gigante que se arrasta no solo entre cruciantes esforços, tentando se desenvolver ou se libertar da viscosa armadura que o prende. O olhar percuciente de um obstetra terreno verificaria, estarrecido, que essas infelizes criaturas estigmatizadas pelo horroroso ofício de destruir a vida em gestação reproduzem, no Astral inferior, a forma viva e ampliada de gigantesco feto, encimada por uma cabeça humana deformada.

PERGUNTA: — E quando esses espíritos se reencarnarem novamente na Terra, apresentarão porventura estigmas deformantes na sua forma física?

ATANAGILDO: — Eles não poderão se furtar à imposição de reproduzir na matéria terrestre algo das deformações neles estereotipadas no Astral pelo poder da mente subvertida e aviltada na prática ignóbil a que se entregaram. Nascerão em corpos constituídos de carnes moles e gelatinosas, como verdadeiros trapos vivos, com um sistema nervoso completamente atrofiado pela força negativa da própria mente que tanto combateu a vida nascente. Passarão a existência atirados em cestos, caixotes, ou mesmo em berços ricos, com as fisionomias marcadas por um ar débil; mais parecerão retratos inacabados, como se lhes houvesse faltado o último impulso da vida no derradeiro momento de tomarem a forma humana. Quantas vezes não os encontrais amontoados, como fardos vivos que tanto despertam em vós sentimentos de piedade como também certa repulsa instintiva, por pressentirdes ali a alma que no passado empregou todos os seus esforços e conhecimentos para desempenhar o trabalho nefando de seccionar o fluxo de vidas humanas.

PERGUNTA: — Por diversas vezes tendes falado de "lodo", de "charcos", ou de "reservatórios deletérios". Pode-

ríeis dizer se tudo isso vem a ser uma mesma coisa?

ATANAGILDO: — A substância Astral inferior tem a propriedade de se depositar na forma de resíduos e, então, compõe extensos vales ou charcos de solo pantanoso e repelente. Quando ocorre acúmulo dos resíduos astrais, criam-se então as zonas estagnadas, pois, em decorrência da excessiva densidade dos seus fluidos, estes não podem ser removidos nem volatilizados, como ocorre com a água, no mundo terráqueo, a qual o próprio Sol vaporiza, enxugando os pântanos.

Esses imensos vales de substância inferior são bastante sólidos para os desencarnados. Aos vossos sentidos físicos, eles pareceriam vultosas massas magnéticas, que também rodeiam e interpenetram a Terra em todos os sentidos, numa frequência vibratória que lhes dá uma vitalidade selvagem e absorvente.

Acresce que os maus pensamentos e a eclosão das paixões da humanidade encarnada também influem poderosamente para ativar ou baixar o teor vibratório dessas massas de magnetismo denso, as quais flutuam sobre a superfície da Crosta e convergem, cada vez mais compactas e virulentas, para o centro do globo terrestre.

PERGUNTA: — Poderíeis nos dar um exemplo para melhor compreendermos o assunto?

ATANAGILDO: — Supondei que, em lugar de massas de magnetismo denso, se trate de nuvens de enxofre gasoso, que se expandam em torno da Terra e ainda penetrem invisivelmente no interior do orbe. Por hipótese, considerai que os pensamentos violentos ou desregrados, das criaturas encarnadas, atraiam essas núvens gasosas, tornando-as cada vez mais baixas e que os pensamentos mais elevados as modifiquem, extinguindo-lhes o vigor sufocante e tóxico. Com este exemplo, ser-vos-á mais fácil compreender que, quanto maior for o vigor dos conflitos da inveja, cupidez, irascibilidade, ódio e o desencadeamento de guerras de encarnados ou desencarnados, tanto mais intenso e tóxico será o conteúdo das massas magnéticas que constituem o Mundo Astral inferior e interpenetram o globo terráqueo. Elas se condensam pela força mental venenosa e agressiva da mente humana ou então se afinam sob os pensamentos sublimes tanto de encarnados como de desencarnados.

Quando os espíritos desencarnam e, por causa de suas mazelas e aviltamentos, já possuem em si mesmos os resíduos do magnetismo inferior, que cultivavam diariamente — motivo pelo qual vibram na frequência dessas massas astrais condensadas e virulentas. Então, assim que se libertam do corpo carnal, elas os atraem tão naturalmente como o ímã atrai as limalhas de ferro. Em virtude do próprio peso magnético específico, esses espíritos "caem" automaticamente nas regiões inferiores, às quais se afinam naturalmente e das quais são amostras vivas, embora ainda encarnados, pois cultivam no mundo paixões e desregramentos que consomem as energias da frequência vibratória inferior dos charcos do Astral. Nesses vales abismais purificadores, que deram origem ao nome de "Purgatório", da tradição católico-romana, os desencarnados ingressam vítimas de sua própria afinidade para com esse meio sórdido, mas não em virtude de penalidades aplicadas por qualquer juiz divino. A carga que carregam é que os impede de ascensão natural para as regiões superiores. Faz-se necessário, primeiramente, que a alma abandone o lastro pernicioso, em zonas adequadas, para depois se elevar para esferas de magnetismo sublimado.

PERGUNTA: — Qual a diferença entre o "lodo" e os "detritos", que mencionastes várias vezes? Não é tudo a mesma coisa?

ATANAGILDO: — O lodo dos charcos é formado pelos resíduos astrais inferiores e comuns a cada vale ou zona abismal denegrida e densa; é substância natural do próprio meio. Os detritos, no entanto, são produtos da expurgação perispiritual das criaturas, que os lançam para fora de sua organização,

Sendo o perispírito o mais importante veículo, que se situa entre o espírito e o corpo carnal, deveis compreender que ele é o verdadeiro sistema operante e receptivo das energias do ambiente astral e físico, cabendo-lhe a grave responsabilidade de absorver, reter e drenar os tóxicos, miasmas, gases, resíduos ou qualquer resto de combustível que seja consumido para sua vivência no meio.

Enquanto nas esferas angélicas o perispírito pulsa suavemente, acionado pela energia extraída da própria luz sideral, nos planos do Astral inferior ele precisa centuplicar o seu metabolismo e despender valiosas energias, a fim de sobreviver nos ambientes perniciosos em que o lançou a alma invigilante. Muito antes de poder ele efetuar a sua nutrição energética, para sua sustentação no meio, vê-se obrigado a exaustivas operações de química transcendental para transformar e purificar as substâncias perigosas, que aderem constantemente à sua organização delicadíssima. Só depois que se efetua o processo profilático e o selecionamento de energias magnéticas adequadas ao seu metabolismo orgânico, é que ele consegue se manter em equilíbrio e proteger-se contra as combustões químicas deletérias. É bastante refletirdes nos esforços heróicos que o corpo carnal empreende, quando luta para sobreviver entre os gases violentos ou emanações mefíticas dos pântanos, para avaliardes o metabolismo defensivo e a dinâmica operosa e delicada de perispírito quando mergulhado nos charcos infectos, obrigado a se proteger contra os venenos emitidos pela mente desgovernada, tendo ainda de lutar, depois, contra as atrações do meio deletério. Tentando superar a dupla agressão, ou seja, o veneno projetado pela mente do espírito desregrado e os tóxicos dos pântanos, o perispírito acelera o seu dinamismo e a sua ação fisiológica, promovendo ativa limpeza interna, do que resulta excessiva expulsão de detritos de substâncias carbonizadas, que sobejam por causa do ao quimismo acentuado, e que devem ser desviados da circulação perispiritual para a devida sobrevivência na região inferior.

Esses detritos, elaborados nos níveis inferiores da vida astral, só podem ser expelidos pelo perispírito através do processo de alta combustão, da química transcendental. Então se transformam em resíduos insuportáveis e repulsivos que, ao serem drenados, enojam o temperamento mais resistente e sufocam o esforço mais heróico. Embora pareça para muitos um acontecimento cruel e punitivo, é efeito da técnica abençoada do Criador, que determina a operação curativa no próprio ambiente de descarga inferior, no reservatório astral das impurezas da alma humana. As fortes emanações repulsivas do meio e as exalações dos detritos expurgados pelo perispírito obrigam os próprios espíritos sofredores, ali situados, a expulsar a sua carga nociva para o meio exterior.

Em suma: os espíritos enfermos purgam-se porque ficam enauseados com as suas próprias exalações, sentindo-se atacados por incessantes e violentos vômitos que, embora os façam sofrer barbaramente, servem como processo terapêutico e aceleram a expurgação perispiritual de todas as matérias e aderências venenosas neles incrustadas pelo aviltamento das energias mentais que empregaram indignamente.

Se eu — suponhamos — estivesse ditando agora alguma obra de natureza repugnante, perversa ou indecorosa, necessitaria usar essas forças tão brutas e animalizadas; mas então seriam queimadas em torno de mim e consumidas pela minha mente numa frequência magnética muito inferior, porque o meu espírito teria de se graduar na tonalidade mais "baixa" possivel, para sintonizar-me com eficiência ao plano grosseiro em que me demorasse com o pensamento desregrado. Ainda neste caso, mais uma vez podeis comprovar a presteza da lei de correspondência vibratória e o fato de que "os semelhantes atraem os semelhantes". Essa substância residual, usada, permaneceria flutuando na aura de todos nós durante o tempo do maior ou menor interesse pelo assunto torpe, até que pudéssemos absorvê-la em nosso metabolismo psíquico, pois, graças à sua forte densidade magnética, ela não poderia mais ser volatilizada no meio astral, mas instintivamente incorporada pelo perispírito, na lei de atração comum.

O vapor d'água pode ser instantaneamente dissolvido na atmosfera reinante, porque a sua vibração sutil, muito intensa, permite que tal suceda. No entanto, já na forma de líquido, o fenômeno não seria possível e haveria apenas precipitação para o solo e absorvência neste. De conformidade com as leis do Mundo Astral, esses resíduos que se incrustam no perispírito é que também lhe causam as enfermidades, exigindo-se a sua expulsão para o meio-ambiente, em perfeita afinidade com o tipo enfermiço da energia degradada.

As almas vítimas dos seus desejos impuros, pensamentos torpes e paixões aviltantes, permanecerão num sofrimento tão longo e acerbo, quanto sejam o tempo e o vigor necessários para se drenar a energia repugnante que lhes aderiu ao perispírito. Uma certa parte poderá ser escoada nos charcos e nas regiões abismais inferiores, como vos expliquei, enquanto a outra parte poderá ser aliviada pelos técnicos benfeitores, assim que a alma fizer jus à assistência espiritual.

Inúmeros estabelecimentos hospitalares e núcleos de socorro, existentes nas adjacências das regiões astralinas inferiores, servem devotadamente a todo espírito que deseje se renovar e ingressar nas hostes dos servidores do Bem. Algumas almas, embora ainda não se encontrem libertas de suas terríveis aderências perispirituais, aceitam tarefas sacrificiais de socorro a companheiros em piores situações, e desse esforço e abnegação cria-se-lhes o merecimento de alívio e de assistência do plano mais alto.

PERGUNTA: — E qual o tempo de permanência dessas almas delinquentes nos charcos depuradores?

ATANAGILDO: — As almas vítimas dos seus desejos impuros, pensamentos torpes e paixões aviltantes, permanecerão num sofrimento tão longo e acerbo, quanto sejam o tempo e o vigor necessários para se drenar a energia repugnante que lhes aderiu ao perispírito. Uma certa parte poderá ser escoada nos charcos e nas regiões abismais inferiores, como vos expliquei, enquanto a outra parte poderá ser aliviada pelos técnicos benfeitores, assim que a alma fizer jus à assistência espiritual.

Aves e animais do Astral Inferior

PERGUNTA: — Quando nos descrevestes o panorama do Astral inferior, fizestes ligeira referência à existência, ali, de aves e animais. Tratando-se de assunto que nos parece interessante, gostaríamos que nos explicásseis o tipo de aparência dessas aves ou animais. Poderíeis fazê-lo?

ATANAGILDO: — Conforme vos disse, talvez pela própria necessidade de sobrevivência e defesa nessas regiões tão apavorantes, predominam ali tipos de aves e animais de grande porte, muitos dos quais nos associam a idéia das formas grotescas e brutais dos animais pré-históricos apresentados nas estampas que conheceis.

Um dos tipos de aves que muito me impressionou no Astral inóspito é bem semelhante ao corvo europeu, com a plumagem nigérrima e de uma tonalidade parecida à terra preta umedecida; difere da espécie dos urubus que conheci no Brasil, porque é um tipo de ave que emite gritos de tal estridência, que nos fazem pensar que um vigoroso gigante vive erguendo enorme malho de ferro e a bater brutalmente em trilhos de aço suspensos sobre a região sombria. São gritos selvagens e penetrantes, como se alguém pudesse centuplicar o grito da araponga, muito conhecida nas florestas brasileiras e apelidada de "ave ferreiro" por possuir um canto bastante metálico. Certas vezes o monstruoso grito lembra também a estridência do pio da gralha elevado a altíssimo potencial e com chocante dissonância aguda, capaz de ferir os ouvidos das criaturas mais insensíveis. Além dessa ave de aspecto tenebroso, que lobriguei em grandes bandos na região Astral inferior adjacente ao Brasil, também tenho observado, embora raramente, um outro tipo de ave milenária, que muito conheci em outras vidas pregressas vividas em Alexandria e Mênfis. Trata-se de uma espécie alada que era muito reverenciada como ave sagrada, comumente mumificada e resguardada em vasos riquíssimos sobre os túmulos dos sacerdotes e faraós egípcios. É uma ave de pernas longas, tipo de cegonha, de longo bico recurvado e classificada nos compêndios terrestres com a denominação de *ibis aethiopica*.

A diferença principal entre a *íbis* sagrada dos egípcios e o tipo que geralmente encontro nas regiões sombrias do Astral brasileiro está em que a ave habitante das margens do Nilo, ao tempo em que a conheci, era branquíssima em sua plumagem e somente eram negros os seus pés e as pontas das asas, enquanto que a espécie astralina é de configuração gigantesca, brutal e completamente negra, com o bico de um pardo brilhante, despertando temerosa impressão pelo seu vôo, cujo planar lembra claramente o vampiro sanguissedento das lendas infernais. Quando essa ave fende o ar, há um murmúrio agudo e tétrico nos galhos das árvores e nas folhagens mirradas, enquanto os insetos e animais pequeninos se movem apressadamente para se ocultarem nas furnas e grotões.

PERGUNTA: — Existem outras espécies de aves além desses dois tipos que mencionastes?

ATANAGILDO: — Segundo tenho verificado nas instituições astrográficas de nossa metrópole, onde se estudam a fauna e a flora do Astral inferior, existem ainda outros inumeráveis tipos de aves que estão sendo classificados pelos estudiosos e que melhor são apreciados por meio de um televisor de panoramas remotos, isto é, um aparelho eletromagnético dotado de esferas de duas a três polegadas de diâmetro, controladas à distância, e que se movem pelos reinos inferiores, transmitindo os mais íntimos detalhes da paisagem entrevista sobre *écrans*[1] esféricos e de substância leitosa, existentes em nossa metrópole.

Os mentores de nossa metrópole pretendem transmitir futuramente para a Terra algo dos estudos astrográficos que

[1] Telas.

estão sendo empreendidos por diversos técnicos, a fim de melhor prepararem os encarnados para o conhecimento das formas exatas do Mundo Astral, mesmo quando ainda se encontrem no mundo material. Embora se trate de paisagem inóspita e que infunde temor, torna-se preciso que o homem encarnado conheça esse Mundo Astral, em lugar de se cingir exclusivamente à leitura de fantasias dos escritores ficcionistas que, embora se aproximem da realidade impressionante, não sabem traçar roteiros benéficos nem semeiam esperanças para as almas apavoradas.

PERGUNTA: — Qual o tipo de animal que mais comumente tendes encontrado nessas regiões inferiores?

ATANAGILDO: — Nas muitas excursões que tenho feito às regiões subcrostais, não só do Brasil como também da Ásia e parte da África, o tipo de animal que mais me chamou a atenção foi uma espécie de caprino gigantesco — tipo de cabra montesa, muito comum nos Alpes suíços e também conhecidíssimo nas montanhas asiáticas e africanas —, cujas pernas dianteiras são mais curtas do que as traseiras, enquanto possui cornos longos, muito fortes e curvados acentuadamente para trás.

Vi esses animais em pequenos grupos, com um aspecto terrivelmente ameaçador, e havia até fulgores diabólicos e sinistros nos seus olhos escuríssimos. Eram monstruosos, peludos, de cor sépia, e possuíam compridas barbas que lhes caíam queixo abaixo, como um grande maço de estopa desfiada e cor de lama. Deslocam o ar, em torno, quando se movem aos saltos bruscos, e deixam a mesma sensação de temor às demais espécies da redondeza. Exalam um odor sufocante, que repugna e enjoa, exigindo hercúleos esforços para qualquer criatura poder se manter por algum tempo na proximidade de tais animais de aura tão repulsiva. Não pude compreender o motivo por que, diante desses caprinos horríveis, senti no meu organismo a impressão de brutal cinismo e deboche.

Para os desencarnados que ainda desconhecem as tramas e a elasticidade da substância astral inferior, é muito fácil confundirem esses caprinos com certa falange de espíritos malfeitores e desregrados, das sombras, que se aproveitam da fraqueza ideoplástica dos religiosos "falecidos", que temem o Inferno e Satanás, para compor cenas de tal monta fescenina, que não me é permitido sequer descrevê-las por alto, nestas comunicações.

Aliás — no-lo informaram os mentores da nossa metrópole —, a degradação máxima do sexo sempre favorece a estereotipação, nas criaturas, de estigmas muito semelhantes aos daqueles caprinos, cujos movimentos sempre traem mórbidas e detestáveis expressões obscenas.

Finalmente, pude comprovar que as lendas ou as fantasias mais absurdas, criadas no mundo físico, se fundamentam nessas figuras horrendas que, depois de desencarnados, encontramos palpitantes de vida nas regiões do Astral inferior. Talvez dominado por tais impressões dantescas é que o homem terreno costuma pintar o Diabo com pés de cabra e chifres de bode.

PERGUNTA: — Justifica-se a existência de aves sinistras no Astral inferior?

ATANAGILDO: — Seria o caso de indagardes, também, por que motivo existiram as espécies antediluvianas e os monstruosos dragões, dos quais o crocodilo é apagada reminiscência; ou, então, por que existem as moscas, os pernilongos ou os micróbios. Para mim, que não tenho a preocupação de solver problemas criados por Deus e que escapam à minha visão comum, as formas exteriores são de pouca importância, pois o que nos deve interessar bastante são os objetivos a que nos conduz a inteligência espiritual que nos impulsiona do interior.

Só no mundo espiritual é que logramos entender o esforço técnico da espiritualidade, quando efetua incessantes ensaios, alguns até assustadores, como no caso dos animais pré-históricos, a fim de se originarem as espécies menores e cada vez mais progressistas. No Além existem formas excêntricas que ainda aguardam época apropriada para se materializarem na crosta terráquea ou noutros orbes mais primitivos, assim como os outros tipos exóticos que, no entanto, os compêndios humanos consideram extintos na Terra.

Se tentardes examinar todas as espécies animais da Terra e quiserdes justificar a sua existência, também haveis de perguntar porque existem o jacaré, o rinoceronte, o hipopótamo ou a sucuri. Aparentemente, não se justifica a existência desses animais, porque o homem só considera útil aquele que lhe fornece um bom bife, um churrasco no espeto ou o couro para as bolsas, sapatos e outras coisas do seu uso pessoal.

A tartaruga não parecia ser útil à humanidade terrena, mas o homem descobriu nela ótimas qualidades que, depois, terminaram elevando-a à categoria de coisa excelente criada por Deus, pois ela lhe fornece ovos e também uma apreciável sopa requintada, nos restaurantes mais elegantes da cidade. O crocodilo que, até ao século findo, não passava de feroz sáurio inútil, reabilitou-se ultimamente, quando se pôde verificar a importância do seu couro para a feliz combinação da bolsa com o sapato e outras exigências do epicurístico capricho feminino.

Ainda existem muitos outros animais tidos por inúteis e ferozes, tais como o tigre, o leão ou o lobo, que o homem destrói a ferro e fogo, porque não possuem carne apropriada à delicadeza do paladar humano. As aves do Mundo Astral, que também parecem inúteis e ignóbeis à vossa compreensão humana, obviamente atendem a salutares objetivos ditados por Deus e que nós ignoramos.

PERGUNTA: — Então se poderá atribuir alguma função ou predicados úteis a essas aves monstruosas do Astral inferior?

ATANAGILDO: — Aqui, a Lei ainda é a mesma que rege os fenômenos da "descida" da energia e a sua consequente materialização aí no mundo físico. Embora variem os planos vibratórios, a Lei permanece imutável e original no seu determinismo criador. As coisas se transformam, aperfeiçoam e evoluem ou, então, se petrificam e estacionam no tempo. O Astral inferior é imensurável cadinho de forças agressivas e de formas em contínua ebulição renovadora, mais se assemelhando a um rústico e vigoroso laboratório situado exatamente no limiar da vida física e da existência angélica.

Esse mundo selvático e prenhe de forças prepara os elementos e as formas originais para descer ao berço primário da vida terrena, assim como, depois, drena e purifica os tóxicos mentais e psíquicos dos desencarnados enfermos, ajudando-os a se elevarem para as esferas mais formosas. É também a alfaiataria que costura as formas carnais para os espíritos que descem à matéria, assim como, no seu retorno desencarnatório, funciona como um tanque que lava e passa os seus trajes sujos. Algumas situações demasiadamente pavorosas, de retificações espirituais, lembram o efeito do nitrato de prata quando usado para cauterizações das chagas físicas.

Essas espécies gigantescas, que voejam sinistramente entre a vegetação apavorante das regiões do Astral inferior, cumprem a tétrica tarefa de "transformadores vivos" de energias deletérias do meio tão nocivo.

Aquilo que os espíritos do Senhor teriam que executar sob o mais lúgubre e heróico sacrifício, essas monstruosas aves e outros tipos de animais extravagantes executam a contento, deglutindo todas as formas de elementos perigosos e daninhos, que se produzem nas mentes enfermas e diabólicas.

No mundo físico, a minhoca, o sapo, a lagarta, e principalmente o urubu, são valiosos cooperadores da lavoura; propagam as sementeiras e destroem as substâncias corrompidas, saneando o ambiente da vida humana.

O Astral inferior que rodeia a atmosfera terráquea, como já vos lembrei, é um vasto reservatório de detritos mentais criados pela invigilância da humanidade encarnada, em perigosa simbiose com os gênios das trevas. Graças às aves e aos monstros que também vivem nessa tormentosa moradia, essas criações mentais nocivas são incessantemente devoradas, tornando-se possível, então, manter o equilíbrio necessário para o prosseguimento da vida astralina e a manutenção vital e instintiva da vida física.

PERGUNTA: — Quando penetrastes no Astral inferior, já sabíeis quais eram as funções dessas aves tenebrosas? Poderíamos conhecer quais as vossas primeiras impressões diante desse acontecimento?

ATANAGILDO: — De princípio, estremeci, surpreso, diante desses monstros, cujo vôo vampiresco aterraria o homem mais corajoso e desafiaria a mais experimentada e fleugmática visão humana. Indaguei de mim mesmo o motivo da existência dessas aves e a razão de suas horríveis formas, que bem podiam imitar as figuras de todas as estampas tenebrosas da Terra. Eu não tinha dúvida de que se tratava de aves destinadas a um cenário infernal, cuja espantosa voracidade fazia desaparecer instantaneamente tudo que lhe caía à frente. Mas ainda ignorava sua benéfica função de gigantescos transformadores da vida nociva inferior quando dão sumiço ao lixo e às criações delituosas que provêm do caos das paixões desenfreadas da maior parte da humanidade terrena.

Essas aves devoram e transformam, nos fornos crematórios de seus avultados estômagos, as larvas, os elementais, os duendes perigosos, rebotalhos e os combustíveis repelentes que se produzem, se agregam e encorpam por efeito da projeção desregrada da mente humana na substância astral.

PERGUNTA: — Existe alguma função especializada para cada tipo ou variedade dessas aves ou animais do Astral inferior na desintegração das forças e substâncias perigosas produzidas pela mente dos homens?

ATANAGILDO: — O espírito observador não tarda em identificar a sabedoria e harmonia do Criador, que mantém o equilíbrio da vida por meio das próprias formas e energias opostas.

A poesia e a utilidade caminham juntas no serviço benfeitor da criação; enquanto o beija-flor suga o néctar das flores, que é a sua iguaria predileta, o urubu faminto se serve da carniça e se torna o sanitarista do ambiente empestado. É por isso que os seres dantescos do mundo mórbido, do Astral, também variam em sua preferência nutritiva pelas formas deletérias que se produzem pelo pensamento e pelas paixões desregradas do homem. Enquanto o apetite de certas aves do Astral se satisfaz com substâncias de um tom pardo, terroso e com viscos arroxeados, produzidas pela cobiça, ciúme ou cupidez, outras preferem alimentar-se com rebotalhos repugnantes de formas negras e interceptadas de fulgores chispantes, que se criam pelas expressões violentas do ódio, da cólera e da irascibilidade dos encarnados.

Mais tarde também notei um tipo alado, muito parecido ao urubu-rei terrestre, de cabeça calva e de aspecto chocante à primeira vista, e que, depois de sua mórbida refeição, se entregava a um mover febril das asas, quedando-se depois na atitude de ave enferma. Quando posteriormente estudava as aves do Astral inferior, os preceptores me informaram que aquele tipo de ave lerda, de olhar fixo e enfermo, só devora as configurações mentais produzidas pelas almas encarnadas ou desencarnadas que também são enfermas, melancólicas e desesperançadas, principalmente as que nutrem idéias de suicídio.

Naquelas furnas e grotões aterradores, do Astral inferior, diante das expressões mais horripilantes que a imaginação humana possa criar, a mãe Terra age em favor da mais breve angelitude de seus próprios filhos. Servindo-se daqueles repulsivos "transformadores vivos", os faz operarem sob o controle da lei benfeitora para higienizar o meio e impedir o desenvolvimento das formas perniciosas e ofensivas aos seus próprios criadores humanos.

PERGUNTA: — Há zonas preferidas pelos animais ou aves do Astral inferior, assim como acontece com as espécies da Terra como, por exemplo, o urso branco prefere o polo, o leão ama a floresta ou o tigre vive nas matas?

ATANAGILDO: — As espécies da fauna do Astral inferior, em obediência à lei específica do magnetismo mais afim aos seus tipos, sempre se conservam nas regiões ou zonas em que se depositam as substâncias mentais perniciosas de sua preferência nutritiva. Assim, há tantas variedades de animais, répteis e aves astralinas quanto seja a produção dos vários tipos de substâncias denegridas das mentes humanas. De acordo com a psicologia dos povos terrenos, cada raça representa em particular uma tendência coletiva mais elevada ou mais nociva, tudo dependendo da virtude ou da paixão predominante em seu seio. Há povos cuja índole fundamental é a ociosidade; num é a fúria belicosa; noutro é a sensualidade, a hipocrisia, a inescrupulosidade, a cupidez ou a vingança, como se fossem criaturas dominadas por uma só paixão.

PERGUNTA: — Quais são as formas elementais repulsivas preferidas por aqueles caprinos de que falastes há pouco?

ATANAGILDO: — Certa vez foi-me dado encontrar esses repelentes caprinos aglomerados exatamente nos lugares e zonas astrais do vosso país onde mais praticam as orgias lúbricas, as festividades licenciosas e se alimentam os vícios que mais deprimem a conduta sexual humana. Eles devoravam dantescamente certas emanações larvais de uma forte cor rosa escuro e sujas, bastante salpicadas de tons vermelhos, que formavam nódoas violáceas sobre um fundo de sangue pisado. Eram formas exóticas que fluíam incessantemente, parecidas a baforadas lerdas de fumo, assumindo configurações aracnídeas, que se moviam de modo grotesco e se fragmentavam novamente, curvando-se nas pontas como ganchos ameaçadores e retorcidos. Algumas vezes mais se pareciam a gigantescas amebas munidas de pés que se torciam em movimentos espasmódicos, enroscando-se sobre si mesmas, para depois se adelgaçarem sob um invisível comando de pervertida sensualidade, que fluía das mentes humanas para a intimidade do Mundo Astral. Sob o dinamismo ativado pelas ondas de pensamentos e desejos torpes dos desencarnados, ainda surgiam outras formas gelatinosas, que se tornavam repasto predileto para os caprinos astrais, pois sua alimentação preferida é baseada nas emanações psíquicas mentais da luxúria e da perversão das funções criadoras da humanidade.

O diabo e a sede de seu reinado

PERGUNTA: — Existe algum lugar, no Além, que se assemelhe ao inferno bíblico, tão apregoado pelo catolicismo e pelo protestantismo?

ATANAGILDO: — Na verdade, os espíritos que no mundo físico se deixam dominar por paixões degradantes e se entregam a crimes aviltantes passam a habitar regiões no Além que de qualquer modo superam a velha ideia do inferno teológico, que a lenda afirma ser dirigido por um Diabo revoltado contra Deus, sempre afadigado no seu reinado de fogo e enxofre. É evidente que Deus não criou nenhum inferno para colocar nele os seus filhos pecadores; estes é que se elegem voluntariamente para a hospedagem em regiões que se afinam às suas vilezas. Sem dúvida, não há inferno pior que aquele que a alma cria em sua própria intimidade espiritual, quando depois é acicatada pelo remorso proveniente de suas mazelas espirituais.

PERGUNTA: — Qual a diferença que existe entre o inferno teológico, pregado pelos católicos e protestantes, comparando-o com a natureza dessas regiões do astral inferior?

ATANAGILDO: — Como se vê pelas velhas oleogravuras hebraicas, o inferno teológico é um produto lendário e tradicional, criado pela fantasia dos povos hebreus, que escolheram o que há de melhor do mundo para compor o cenário do céu, assim como reservaram o que de mais cruel é conhecido na Terra, para então imaginarem o inferno, com o seu temível Satanás. Mas acontece que os teólogos cometeram um grave equívoco, ao se esquecerem de melhorar gradativamente tanto o céu como o inferno que idealizaram, uma vez que a humanidade tem se entregado incessantemente a novos inventos, realizações artísticas e grandes descobertas científicas.

Por isso, o paraíso teológico ainda apresenta, no século XX, as mesmas emoções e prazeres já conhecidos há milênios, enquanto que o inferno continua com os seus castigos anacrônicos e o seu cenário ilógico e infantil, bastante insuficiente para atemorizar os homens da era atômica.

Acontece que esse inferno, idealizado como o foi, desmente a Bondade e a Justiça de Deus, pois inclui a ideia cruel de que os pecadores têm de sofrer atrozmente por toda eternidade, quando a verdade é que as regiões inferiores, ou abismais, descritas nas comunicações mediúnicas, não são zonas de sofrimento eterno, embora eu mesmo tenha constatado a existência de certas situações de pavor e desespero nessas regiões, que ultrapassam de muito qualquer aspecto do inferno mitológico e mesmo das impressionantes descrições da "Divina Comédia" de Dante Alighieri.

PERGUNTA: — Qual então o motivo por que, diante de sofrimentos quase semelhantes, a existência nas regiões inferiores é mais lógica do que a ideia do inferno?

ATANAGILDO: — A diferença está em que as religiões católica e protestante, bem como a mitologia hebraica, consideram o inferno como um lugar adrede preparado e exclusivamente destinado ao tormento das almas pecadoras, pródigo de fogo e enxofre, e criado para encerrá-las por toda a eternidade. Entretanto, o estado de sofrimento, pavor e medo, no astral inferior, além de provir principalmente do descontrole emotivo, remorso e ignorância dos próprios espíritos falidos da Terra, não é definitivo e permanece sempre a esperança de recuperação espiritual.

Não se trata de sofrimento eterno, nem de castigo deliberado contra pecadores, mas apenas de retificação de almas, porquanto Deus sempre as considera como espíritos enfermos, em tratamento, e não como criminosos condenados à desgraça eterna.

Enquanto o Catolicismo e o Protestantismo ensinam que não há mais esperança para aqueles que são lançados nas chamas do inferno administrado pelo poderoso Satanás, o Espiritismo vos acende a chama da esperança e louva a bondade do Criador, que sempre oferece novas oportunidades para a renovação íntima de qualquer espírito pecador.

Deus, a Bondade Suprema, não pode descer à vileza de castigar as imperfeições humanas; ele reajusta e reeduca o peregrino espiritual, para que abandone as seduções escravizadoras da carne e ingresse mais cedo na senda reta do Bem e da Verdade.

PERGUNTA: — Mas a ideia do Diabo e a do inferno eterno não têm certo fundamento lógico, mesmo em face da doutrina espírita?

ATANAGILDO: — Visto que a Bondade de Deus nunca o levaria a criar um ente malvado, com a finalidade especial de atormentar as suas próprias criaturas, é claro que a Sua Infinita Sabedoria também nunca se desmentiria criando um anjo perfeito, para posteriormente aviltar-se por toda a eternidade, a ponto de decepcionar a tão reconhecida Inteligência Infinita do próprio Criador. Se assim acontecesse, ficaria prejudicado o conceito da Sabedoria Infinita de Deus, ante a decepção de criar um anjo perfeito, que depois se transforma num Diabo, portador de todas as imperfeições. Se tal coisa houvesse acontecido, não nos restaria nenhuma esperança de sermos felizes, dado que o Senhor Onipotente do Universo também é vítima de equívocos, como os humanos.

E se, até o presente, Deus ainda não pôde dominar o Diabo, que anda solto pelo vosso orbe, disputando com Ele o poderio sobre as criaturas, é óbvio que o Criador já não dispõe satisfatoriamente do seu propalado Poder Infinito, o que também deverá ser motivo de grande aflição para todos nós. E se Ele não se importa que seus filhos queridos sejam arrebatados por Belzebu e conduzidos por esse seu rival para os torturar por toda a eternidade, então quer-nos parecer que o Criador também se tornou um sádico e sobrepujou as características daninhas do homem terreno, que não permitiria isso com seus filhos.

PERGUNTA: — Então, devemos concluir de vossas palavras que o Diabo é apenas um produto da imaginação humana; não é assim?

ATANAGILDO: — Não há dúvida de que o Diabo é produto mórbido da imaginação humana, pois o figurino escolhido para vesti-lo ainda é o próprio homem, revestido de todas as suas maldades.

Existindo na Terra homens que cometem atrocidades as mais bárbaras, quer em tempo de paz, quer em tempo de guerra, nos horripilantes matadouros dos campos de concentração, acredito que é tolice e falta de imaginação do homem o pretender pintar um Diabo pior e mais cruel do que ele mesmo.

Se examinardes a história terrena, verificareis que nunca existiram atrocidades, crimes, torpezas, impiedades ou vinganças maiores do que as praticadas pelo homem, de vez que eles as cometem com mais requintes de malvadeza do que se fossem praticadas pelo Diabo.

As cruzadas da Idade Média, que retalhavam vivos os "infiéis"; a "Noite de São Bartolomeu", quando milhares de católicos apunhalaram os protestantes por ordem de Catarina de Médicis; a impiedade dos Doges venezianos; as tropelias de Átila; as pirâmides de cabeças decepadas por Gengis-Khan; a matança dos cristãos nos circos de Roma; as torturas dantescas da Inquisição; as chacinas monstruosas da China; os enterrados vivos no Egito; as degolas em massa na Turquia; os empalamentos na Índia; os milhares de judeus assassinados pelos nazistas, porventura não são acontecimentos que fariam corar de vergonha, ante seu fracasso, o Diabo mais perverso?

Acresce, ainda, que o pobre Diabo mitológico, capaz de assustar os religiosos dogmáticos, há muito tempo deve sofrer de invencível complexo de inferioridade, pois ainda não gozou da volúpia de lançar uma bomba atômica sobre 140.000 criaturas que respiravam oxigênio e faziam planos de ventura humana, nem tampouco pôde apreciar o "magnífico" espetáculo de vê-las se transformarem em gelatina fervente. Os próprios sacerdotes católicos, que tanto acusam o infeliz Belzebu e lhe atribuem a culpa de todas as maldades do mundo, não se tornaram, porventura, os seus fiéis procuradores, quando Gregório IX instituiu o Santo Ofício e, à sombra da proteção de Fernando e Isabel, os reis católicos, torturavam criaturas humanas e arrebanhavam as fortunas dos "infiéis" para depois os fazerem estorricar nas chamas purificadoras do programa religioso oficial?

Todas essas barbaridades, praticadas pelos poderosos da Terra, não significaram, porventura, verdadeiros insultos ou desafios a Satanás e uma técnica bem mais original que a dos vulgares recursos dos caldeirões de líquidos ferventes?

PERGUNTA: — Ante a vossa liberdade de expressões, apreciaríamos ouvir outros pormenores relativos ao descrédito do Diabo e às razões por que o homem o superou em malignidade. Podeis atender-nos?

ATANAGILDO: — Conforme vos tenho exposto, o Diabo já é uma figura de pouca importância e bastante superada pelo maquiavelismo do homem, que o venceu em maldade, hipocrisia, cupidez, vingança, luxúria, avareza e desonestidade. Há muito tempo que Satã já devia ter sido dispensado de suas mórbidas funções, quer por ineficácia e falta de imaginação, quer por faltar-lhe a índole ou o dom congênito que o tornasse capaz de produzir crueldades inéditas, que pudessem impressionar os seres humanos.

O seu sistema de agir, demasiadamente anacrônico, já não atemoriza a humanidade, pois ainda teima em seguir a velha fórmula de cozinhar os pecadores nos caldeirões de azeite fervente e chumbo derretido, embora com algumas variações burlescas de espetá-los em garfos enferrujados ou assá-los ao molho de enxofre. É um sofrimento demasiadamente "estandardizado" e despido de novas emoções; acredito que ele ainda o prefira mais pela força de hábito em um ofício milenário e tradicional, do que por qualquer preocupação em se vingar do gênero humano.

E uma das provas do pouco caso que o homem do século XX atribui às ameaças de Belzebu — também chamado Príncipe dos Demônios — pode se encontrar facilmente no crescente descalabro moral e crueldade do mundo terreno atual, pois a humanidade se prepara para matar cientificamente e se degrada filosoficamente, enquanto uma grande parte realiza o mais entusiasta concurso no campeonato da desonestidade.

Se o inferno, com os seus anacrônicos caldeirões ferventes e com o braseiro de churrasquear pecadores, tivesse força suficiente para atemorizar a humanidade terrena, é evidente que, desde há muitos séculos, o homem já estaria radicalmente regenerado em espírito.

O Diabo, criado pela imaginação primitiva da mitologia do passado — é fora de qualquer dúvida! —, já se encontra completamente saturado do seu ofício tão espinhoso e ridículo. Não se duvida de que ele já deve nutrir uma vaga esperança de obter sua breve e tranquila aposentadoria, a fim de se livrar do trabalho com seus caldeirões de azeite fervente, libertando-se também das responsabilidades de manter as vultosas reservas de carvões e substâncias combustíveis para atender à fervedura dos seus clientes, cujo número cresce assustadoramente, já não havendo tachos disponíveis para atender às longas filas à porta do inferno. Belzebu há de querer repousar os nervos e melhorar a sua saúde, vivendo à distância do ambiente infernal, tão saturado de fumaça, fuligem e da gritaria que lhe azucrina os ouvidos dia e noite...

O homem, em sua imaginação mórbida, criou o ambiente atormentador do Inferno e, em sua maldade instintiva, ainda impôs terrível sofrimento ao próprio Diabo, obrigando-o a exercer um ofício rude, exaustivo e anacrônico, tornando-o um indivíduo neurótico e psicopata, quando devia merecer algo da ternura humana.

PERGUNTA: — Embora reconhecendo a justeza dos vossos conceitos, que tornam o mito de Satã uma figura apagada diante das torpezas humanas, devemos dizer que há muitos intelectos desenvolvidos que ainda confiam seriamente na veracidade dessa lenda.

ATANAGILDO: — Mas isso não prova que o homem seja menos requintado que o Diabo, nas suas vinganças, pois, não contente em se desforrar dos seus desafetos políticos, adversários religiosos, contraventores das leis, ou daqueles que lhe ofendem o amor-próprio, ainda costuma impor às suas vítimas outros sofrimentos morais ou físicos que, em atrocidade, superam longe a pseudocrueldade de Satã. Durante as campanhas guerreiras ou de ódios políticos, o homem tem imposto a seus irmãos torturas lentas, milimétricas, que principiam pelo arrancamento das unhas e terminam com a decepação dos pés, das mãos ou da língua; já houve preliminares pavorosas para se arrancarem segredos, onde as mães assistiam à tortura dos filhos ou à violação das filhas, e ainda hoje praticam-se perseguições sistemáticas, que levam muitos infelizes à miséria e ao suicídio.

Revendo em espírito a história terrena, lobriguei quadros dantescos que deixaram de ser registrados, porque revelavam acontecimentos em que os seus autores eram homens que representavam diretamente a Bondade Divina na Terra; à frente de coloridos cortejos, essas criaturas cantavam hosanas à Glória e ao Amor de Deus, enquanto alguns infelizes, condenados e já esfrangalhados pela tortura, se encaminhavam cambaleantes para as fogueiras impiedosas do credo oficial.

Acredito que, ao contemplar certas cenas do vosso mundo, desempenhadas em nome do Amor Divino, o Diabo ter-se-ia arrebentado de rir dos maus propagandistas de Deus, ou então teria sido tomado de furioso ataque de histerismo ao reconhecer que o epicurismo mórbido e a sabedoria cruel do homem ainda eram capazes de superar facilmente os mais bárbaros instintos dos animais.

PERGUNTA: — Segundo a História Sagrada, Satã não passou pela forma humana; não é assim?

ATANAGILDO: — Aliás, conforme diz a Bíblia, a genealogia de Satanás é bem mais pura que a do homem, pois que ele descende diretamente da linhagem angélica, muito embora houvesse depois se rebelado contra o seu Criador, ao passo que o cidadão terreno foi feito de barro, tratou logo de gozar a vida e ainda anda cometendo crueldades em nome de Deus, sem apresentar para isso as suas credenciais superiores. E, segundo parece, Satã possuiria um pouco da natureza divina de Deus, pois, como um anjo decaído, teria sido feito à semelhança do seu próprio Criador. E, se fosse assim, não seria nada lisonjeiro para Deus o ver-se obrigado a constatar, na criação deste anjo fracassado, que um produto emanado de si mesmo, era péssimo. De outro lado, se Deus, onisciente, houvesse criado deliberadamente esse anjo, sabendo de antemão que ele estaria fadado a se tornar eternamente um monstro, seria um sádico, um inquisidor elevado à escala cósmica; e se o Criador ignorasse que o ser angélico que criou se transformaria num demônio rebelde, jamais seria um sábio. O Diabo, portanto, é cópia do homem, aliás, cópia inofensiva.

PERGUNTA: — Isso quer dizer que estão certos os comunicados mediúnicos dos espíritos desencarnados quando, em vez do Inferno e do Diabo da teologia cristã, eles descrevem o "Umbral" das regiões inferiores; não é assim?

ATANAGILDO: — Quanto a mim, posso vos assegurar que, depois de desencarnado, não me foi possível encontrar o Céu com sua corte de santos pronunciando extensas orações, nem mesmo as onze mil virgens em festivos cânticos, da tradição popular. Felizmente, também não me defrontei com o Inferno e os seus caldeirões ferventes, nem com qualquer bando de Diabos a perambular pelo espaço. Eis porque considero bem exatas as descrições que, por médiuns criteriosos, os espíritos têm feito das regiões do astral inferior, aonde tenho ido em excursões socorristas e sacrificiais, quer por motivo de estudos, quer para retirar dali algum amigo ou alma aflita, que mereça o fraterno socorro. Mas não posso deixar de registrar que, nessas regiões, encontrei muitos espíritos de homens excessivamente mais experimentados em vinganças do que o famigerado Diabo da Teologia, pois além de torturarem impiedosamente os seus desafetos, ainda os impediam de qualquer esforço de renovação espiritual.

Não se trata, porém, de entidades devotadas à maldade, como um ofício obrigatório, ou que tenham sido atiradas às sombras por causa da ira divina, que são as razões que se costumam invocar para justificar a existência e a rebeldia do Diabo. Esses espíritos agem por sua livre e espontânea vontade, sob o mais sádico desempenho artístico, como se fossem "virtuoses" da crueldade. São almas ferozes, verdugos impiedosos e carrascos sem a menor partícula de contemporização, pois extraem de suas vítimas a última gotícula de esperança e prolongam o menor espasmo de sofrimento. Cobram-se da mais insignificante dívida e não toleram o menor prejuízo, mesmo que tenha sido fruto da imprudência ou da ignorância de suas infelizes vítimas. O que me impede a revolta diante de tais atrocidades é saber da lógica da Lei Cármica, que demonstra não existirem injustiças, dando-nos a certeza de que sempre terão fim tais sofrimentos e vinganças. E o que nos consola é saber que esses barbarismos, quer durem minutos, horas, séculos ou milênios, felizmente não passam de acontecimentos transitórios e justos, pois em jubiloso futuro tanto algozes como vítimas hão de se unir em sincero abraço de afeto e ternura, alçando o vôo definitivo para as regiões celestiais.

Isto posto considero bem mais lógicas e sensatas as "regiões umbralinas", ou do "astral inferior", que os espíritos costumam descrever em suas mensagens mediúnicas, onde as almas expiam as suas próprias criações infernais que imprudentemente alimentaram na vida física, do que o pavoroso sofrimento, na eternidade, em um inferno criado pela vingança de Deus.

Verdadeiramente, mais cedo ou mais tarde toda vítima libertar-se-á dos seus poderosos verdugos e também dos seus próprios defeitos, reajustando suas culpas com a sua própria consciência e merecendo então novos ensejos de desenvolvimento e ventura espiritual.

PERGUNTA: — Não será provável que o Inferno e o Diabo, da tradição bíblica, sejam ideias decalcadas da própria realidade do astral inferior, percebida pelos videntes da época?

ATANAGILDO: — O inferno teológico é um produto da imaginação lendária do passado religioso, adaptada à compreensão de uma humanidade ainda atrasada. Daí o fato de se descrever o sofrimento no astral inferior como um reinado de Belzebu, com as características das torturas primitivas e dos castigos mais conhecidos e empregados naquela época. Para que a humanidade ficasse impressionada — pois que de outro modo não o ficaria — foi preciso dizer que os infelizes pecadores deveriam ser cozidos em caldeirões de água, cera ou chumbo ferventes, e assados entre carvões e enxofre. É óbvio que, se o Inferno fosse imaginado no vosso século atual, os religiosos poderiam descrevê-lo como provido de todos os recursos científicos modernos, em matéria de destruição, tais como instalação de cadeiras elétricas, bombas asfixiantes, câmaras frigoríficas ou superaquecidas, e tudo que o cidadão do século XX descobriu para aliviar a superpopulação do seu planeta...

Sem dúvida, o Inferno eletrônico do século XX não só poderia dispensar os seus caldeirões anacrônicos e anti-higiênicos, como também abandonar o sistema obsoleto de queima de enxofre e carvão, cujo braseiro vultoso consome verbas astronômicas sem esperanças de que Satã obtenha indenização por parte de pecadores já completamente falidos. Sem dúvida, o Diabo sentir-se-ia eufórico e venturoso, nesse Inferno modernizado e automático, onde, para se moverem talhas, guinchos e vagonetes admiravelmente eletrificados, bastar-lhe-ia um rápido acionar de botões, e todo o Inferno funcionaria na mais esfuziante sinfonia de gritos, berros e barulho de ventiladores e exaustores elétricos, eliminando o cheiro da carne assada. A Ciência e a Indústria, bastante desenvolvidas no vosso mundo, poderiam fornecer o aparelhamento de torturas mais genial e eficiente para o Inferno, acomodando-o na conformidade dos tipos, pesos e torpezas dos pecadores modernos. Acredito que os comodistas e os ociosos teriam que repousar eternamente sobre confortáveis redes anatômicas, elétricas; os exploradores do próximo rodariam de modo divertido dentro de modernas máquinas de lavar roupa, mas repletas de água fervente, que lhes arrancaria a pele sem danificar os órgãos; os avarentos seriam condenados a contar moedas de cobre eletrificadas por alta tensão; os falsários e os hipócritas ficariam se debatendo dentro de fornos elétricos, aquecidíssimos, tentando abrir e fechar suas portas falsas e sem saída; os coléricos e irascíveis seriam colocados incessantemente sob chuveiros elétricos de água fervente; os cruéis seriam colocados em excelentes churrasqueiras rodantes, enquanto os administradores relapsos e dilapidadores do patrimônio público ver-se-iam condenados a servir-se de poderosas canetas eletrificadas, eternamente obrigados a encher cheques feitos de folhas de aço...

Uma vez que a própria Terra evolui, desde o seu cenário material até as realizações mais prosaicas de sua humanidade, por que também não hão de evoluir o Diabo, o Inferno e o Céu bíblicos, transformando-se para melhores condições? Quanto a este último, não seria razoável que a alma terrena, já conhecedora das magistrais obras de Beethoven ou de

Mozart, terminasse se entediando contra os anacrônicos tocadores de rabeca, as procissões e o cantochão litúrgico, que ainda fazem sucesso num céu primitivo? Creio que a simples ideia de faltar no céu o popular acordeão moderno já seria motivo suficiente para que a maioria dos "fiéis" se desinteressasse do lendário Paraíso.

PERGUNTA: — Por que motivo certas criaturas, embora cientistas ou acadêmicas, algumas até de invulgar cultura, ainda acreditam piamente na existência de Satã, do Céu e do Inferno teológicos, conforme lhes ensinam as suas religiões dogmáticas?

ATANAGILDO: — É provável que esses homens de cultura, que ainda crêem no Céu, no Inferno e no Diabo mitológicos, evitem raciocinar com isenção de ânimo sobre o assunto ou talvez receiem provocar polêmicas que possam perturbar as tradições religiosas da família ou dos conhecidos. Se refletissem seriamente sobre tais dogmas, é fora de dúvida que terminariam verificando a inconsequência e a infantilidade de suas concepções, pois o conhecimento, o cientificismo e a arte do homem do século XX já se tornam motivos de humilhação para um Diabo ainda metido na fumaceira de um Inferno medieval.

PERGUNTA: — Em face de há tantos séculos cultivarmos a ideia do Diabo, não acreditamos piamente nele, mas quase que o sentimos real em sua forma lendária. Ainda custa-nos extinguir essa ideia tão arraigada e que incentiva os nossos temores humanos desde a infância. Que dizeis?

ATANAGILDO: — Isso ocorre mais por efeito de um recalque que ainda permanece na memória etérica do espírito encarnado, pois é indiscutível que todos nós já permanecemos nas regiões trevosas, quer sob o jugo de outros "pseudodiabos" perversos, quer quando ainda não passávamos de outros tantos satãs, desforrando-nos sobre outras vítimas de nossas vinganças.

Por isso, o Diabo ainda é uma concepção aceita em todo o orbe terráqueo; palpita e vive na consciência de todos os povos e seres, embora cada qual o configure na conformidade de sua própria psicologia humana. Para o oriental, o Diabo tem a cara exata do ocidental, enquanto Deus tem os olhos oblíquos; o zulu rende homenagem ao seu Deus preto como carvão, se arrepia e excomunga o Diabo branco, de fisionomia européia. Quer o chamem, na linguagem clássica, de Satanás, Demônio, Belzebu, Lúcifer, Espírito do Mal, Anjo das Trevas ou Belfegor, ou a voz popular o denomine de Tinhoso, Capeta, Coisa Ruim ou Canhoto, ou então seja o Anhangá, dos indígenas, o Mafarrico, dos portugueses, o Padeiro, dos franceses, o Exu, da macumba, o Pedro Botelho ou Mofino, das velhas lendas, ele representa sempre a figura da própria alma quando ainda subverte as admiráveis qualidades de sua natureza angélica, para se devotar apenas às paixões odiosas, à crueldade ou às impurezas da velha estirpe animal.

A lenda é pródiga na apresentação dessa figura aviltante do homem rebelde e ainda adverso à Luz, e por isso as narrativas de cunho fantástico sempre se firmam na mórbida e trevosa lembrança da alma, que ainda estremece evocando as sombras em sua circulação angélica.

Mas à medida que o espírito ascende para os planos edênicos, o Inferno e o Diabo também se tornam cada vez mais inofensivos, porque as zonas trevosas existentes em cada criatura começam a ser substituídas pelas clareiras de luz angélica.

*PERGUNTA: — **Existe algum prejuízo mental ou espiritual em se continuar a manter a lenda do Diabo e do Inferno, como ainda o fazem as religiões escravas dos homens e dos mistérios sagrados?***

ATANAGILDO: — Não vos esqueçais de que vos dou a minha própria opinião; em virtude do que me é possível observar no lado de cá, considero que tal lenda ainda causa prejuízos bem grandes, pois todos os dias aportam ao Além magotes de criaturas alucinadas com as ideias aterrorizantes do Inferno e a crença nos demônios, que elas evocam na mente desgovernada, o que as faz ficarem desesperadas de qualquer esperança de fuga ou perdão.

Alimentam em si mesmas essas configurações tenebrosas e aniquilantes, que lhes impõem a morbidez dos credos religiosos infantilizados, a ponto de oferecerem sugestões mentais imprudentes aos próprios adversários das sombras, para que mais as convençam de que realmente se encontram lançadas no seio das chamas eternas do Reino de Belzebu.

Aproveitando-se do desespero e do terror dos desencarnados obsidiados com a ideia infernal, os espíritos malfeitores atuam-lhes na mente perturbadora e clareiam ainda mais os quadros diabólicos ali já existentes. Mas, noutro extremo, também surgem almas demasiadamente ingênuas e otimistas, que se julgam credenciadas para habitar um Paraíso de ociosa contemplatividade, assim como lhes ensinaram os seus preceptores religiosos; então se imaginam prestes a viver entre as criaturas beatíficas e sempre escoltadas por anjos extremamente corteses e serviçais. Mas o cenário do mundo astral, que lhes surge como laborioso plano de trabalho digno e justo, causa-lhes terrível decepção, deixando-as boquiabertas e espantadíssimas quando identificam as comunidades de espíritos laboriosos e disciplinados, que em santificada atividade se dedicam à sua própria recuperação espiritual.

Muitos desses "fiéis" confrangem-se, decepcionados, à ideia prosaica de que ainda existem trabalho, deveres, obrigações individuais e sociais nas regiões do "Além", onde esperavam apenas encontrar os santos e as almas eleitas refesteladas voluptuosamente sobre flocos de nuvens coloridas, enquanto gentis arcanjos as fariam adormecer ao som hipnotizante de harpas e rabecas.

PERGUNTA: — Considerais que seria de grande progresso para as próprias religiões dogmáticas o desaparecimento dessa tradição infantil do Céu e do Inferno, ainda tão cultivada entre os seus adeptos?

ATANAGILDO: — O sacerdócio católico e a comunidade protestante há muito que deviam ter esclarecido a mente dos seus fiéis, fazendo-os compreender que Deus não é um bárbaro impiedoso a punir eternamente os seus filhos, assim como também não é vulgar distribuidor de prêmios celestiais e exclusivos aos fiéis seguidores de suas normas religiosas. É evidente que são bem raras as almas que partem da Terra absolutamente certas de que estão isentas de qualquer mácula, motivo por que a dúvida e o medo são sempre a preocupação da maioria. Não vos é possível avaliar o pavor dantesco da alma que, ao emergir das sombras do túmulo, sente-se presa de suas próprias criações mentais, convicta de que irá sofrer "eternamente" nas chamas do inferno e nas garras de Satanás.

Jamais podeis imaginar o que seja realmente essa convicção íntima do "castigo eterno", para o desencarnado que se crê sem a mínima esperança de salvação, guardando ainda em sua memória as imagens do lar amigo que deixou na Terra.

Muitos ficam alucinados e se conturbam pela força das estultices que lhes ensinaram severamente os sacerdotes e os ministros reformistas, completamente desconhecedores da realidade espiritual do Além-túmulo.

Entretanto, o espírita, que já aprendeu que o Inferno eterno é lenda infantil, e que mesmo o pior sofrimento no astral ainda é provisório, mantendo viva a esperança de recuperação espiritual, é indubitável que não se desespera, confiando sempre na Bondade e na Justiça do Magnânimo Criador.

É certo que toda alma também traz simbolicamente um pouco do Inferno em si mesma; mas é insensatez religiosa torturar-se a imaginação humana e predispor o desencarnado ao terrível desespero mental, consequente daquilo que é falso e ilógico.

Assim como as crendices sombrias e a fantasmagoria das lendas mórbidas criam estados de temor e angústia nos cérebros fracos, chegando a interferir no equilíbrio do sistema nervoso, as descrições nocivas e infantis, com que as religiões dogmáticas pregam a eternidade do Inferno com o seu histérico Satã, também plastificam nos seus fiéis os quadros tenebrosos e doentios que, depois da morte corporal, adquirem forte vitalidade mental e torturam a alma desesperada.

Isso causa pavores e desesperos intensos, chegando a criar obstáculos intransponíveis aos próprios espíritos benfeitores, que envidam todos os esforços para atenuar o vigor dos clichês mórbidos, profundamente gravados no campo mental dessas almas perturbadas.

O tipo de Céu e Inferno ainda conservado pela fé católica e protestante, sem qualquer dúvida, é o responsável pelo fato de muitas almas serem vítimas do medo desesperador e se atormentarem dantescamente nas primeiras horas de ingresso no Além-túmulo.

Ao contrário, o esclarecimento sensato, ofertado pela doutrina espírita, afirmando a existência de um Pai amoroso e incapaz de castigar seus filhos, e muito menos de os fazer sofrer eternamente, é sempre abençoada esperança de breve libertação, mesmo que vos encontreis desencarnados no seio do maior sofrimento.

PERGUNTA: — Não resta dúvida de que, pelo fato de nascermos em lares tradicionalmente católicos, também somos condicionados, desde a infância, às histórias sagradas e às lendas mitológicas do Céu, Inferno e do pecado original. Poderíamos saber se desde a vossa tenra infância fostes elucidado quanto à natureza exata da vida espiritual do Além, quer pela religião católica, quer pela protestante?

ATANAGILDO: — A minha última reencarnação se deu num lar amigo, digno e tradicionalmente católico, situado no interior de São Paulo. Até a idade de onze anos, fui severamente educado nos preceitos religiosos católicos e também doutrinado sobre o que a Igreja Católica presume ser a vida da alma em seguida à morte do corpo. Conheci, pois, a história do pecado original praticado pelo primeiro casal, Adão e Eva, a da criação do mundo em seis dias e do descanso do Criador no sétimo dia, assim como a história do Dilúvio e da figura colérica de Jeová na Bíblia. Mas, em virtude de ser um espírito inquieto e de fácil raciocínio, insatisfeito com a rotina comum da vida, punha minha família em polvorosa, pois vivia a fazer perguntas nevrálgicas sobre todas as dúvidas que me despertavam as questões mais confusas da História Sagrada. Eram indagações objetivas e desconcertantes, onde havia mais espanto do que mesmo desconfiança; por isso, não tardei em ser tido como um inspirado do próprio Diabo, e por esse motivo, além de severas admoestações, tive de fazer prolongadas penitências, a mando do vigário local, aliás boníssima criatura e cujo espírito vim encontrar aqui, em excelente situação de paz e num estado de serena alegria.

PERGUNTA: — Ser-vos-ia possível dar-nos alguma ideia da natureza de vossas perguntas ou dúvidas infantis, que podiam contrariar o modo de pensar dos vossos familiares?

ATANAGILDO: — Eram sempre decorrentes, sem dúvida, de raciocínios infantis mas, em face do meu arquivo sideral do passado, havia nelas indagações sólidas e inquietantes. Era o terrível "por quê?" da criança vivaz e inconformada com as soluções muito triviais, que lhe davam sobre aquilo que lhe despertava grande interesse. Quando me disseram que o Diabo fora um anjo decaído, que existia muito antes da Terra e do homem, logo eu quis saber por que, então, Satanás possuía pés de cabra, cauda de leão, chifres de boi, asas de morcego e unhas de gavião, já que havia sido criado bem antes de existirem tais bichos... Por que motivo Deus enxotara Adão e Eva do Paraíso, mas não expulsara Satanás, que lá ficou gozando as delícias do Éden, na figura maquiavélica da serpente enganadora? Por que de Adão e Eva, que eram brancos, nasceram criaturas pretas, amarelas e vermelhas? O meu cérebro vivia repleto de indagações que eram feitas à hora da mesa, na hora da oração à noite e até entre os folguedos cotidianos. Nunca pudera compreender como Noé conseguira trazer um casal de animais, aves e insetos, de todas as partes do mundo, através de caminhadas a pé, em carro de boi ou mesmo sobre camelos. De que modo ele pudera agarrar o urso nos pólos, o leão no Saara, o tigre na África, o condor nos Andes, os macacos ou papagaios no Brasil? E tudo isto em tão curto prazo de tempo? Como conciliar a afirmativa do professor, que me ensinara ser a baleia de garganta estreitíssima, mal passando nela algumas pingues sardinhas, com a narrativa da Bíblia que diz que ela engolira o profeta Jonas? Ante a explicação de que Jesus era o próprio Deus materializado na Terra, emergia a resistência espiritual do meu passado dentro dos templos reencarnacionistas e, na figura de um moleque caçoísta, queria saber se Maria, mãe de Jesus, seria nossa avó, uma vez que Jesus era Deus, e, portanto, nosso pai.

Mesmo certa vez em que minha mãe me advertira, sentenciosamente, de que o Diabo costumava se transformar em anjo para enganar os protestantes, os espíritas e outros religiosos, opus-lhe o raciocínio contundente de que, então, lhe seria muito mais fácil transformar-se num vigário para enganar os católicos, pois, desde que lhe era tão fácil ser anjo, também ser-lhe-ia fácil metamorfosear-se num sacerdote.

Essas atitudes de protesto ou quase desafio infantil, muito comuns às crianças emancipadas nas convicções espirituais, pelo seu passado de pesquisas e soluções corajosas, provam-vos que há necessidade de se esclarecer a realidade da vida, para o perfeito desembaraço mental de benefício da própria alma ao se ver diante da morte do corpo ou liberta num plano desconhecido, que lhe tece toda sorte de ideações fúnebres e alegorias mefistofélicas. A explicação do Além, dada pelo Espiritismo — embora se respeite as boas intenções de outros credos — ainda é o bálsamo suavizante para o espírito sequioso da verdade espiritual.

GEOGRAFIA DO MUNDO ASTRAL
foi confeccionado em impressão digital, em novembro de 2022
Conhecimento Editorial Ltda
(19) 3451-5440 — conhecimento@edconhecimento.com.br
Impresso em Luxcream 80g – Stora Enso